KUNTERBUNT
Lesebuch 3

Herausgegeben von
Horst Bartnitzky und Hans-Dieter Bunk

Erarbeitet von
Horst Bartnitzky, Andrea Böhm,
Hans-Dieter Bunk, Christine Decker-Voigt,
Kathrin Haug und Barbara Kappesser

Ernst Klett Grundschulverlag
Leipzig Stuttgart Düsseldorf

Inhalt

Wir lernen überall

Vom Fahren und vom Fliegen

Märchenhaft

Hast du das gesehen?

So fühl ich mich wohl!

Erfinden und ausprobieren

Wie es früher war

Menschen brauchen einander

Wasser, Wolken, Sonnenschein

Unterwegs

Denke an die Umwelt!

Durch das Jahr

Anhang

Wir lernen überall

Keith Haring, Growing

Manchmal

manchmal
kriech ich
in mich hinein
und bin
ganz klein

doch irgendwann
komm ich
wieder raus
und wachse
über mich
hinaus

Claudia Höly

Fühlen

Dein Schulweg
ist schöner als meiner.

Der kleine Umweg
macht mir nichts aus.

Wenn du morgen
auf mich wartest,
gehe ich mit dir.

Manfred Mai

So stachelig wie ein Kaktus

In der Schule ist große Pause. Anne steht auf dem Schulhof am Zaun. Sie hält sich an den Holzlatten fest. Anne ist wütend auf Dieter. Der hockt auf der Bank unterm Kastanienbaum. Anne kann ihn nicht sehen. Dieter ist nämlich in einem Knäuel von Kindern verschwunden. Er hat sich gestern in der Turnstunde den linken Arm gebrochen. Heute kam er mit einem dicken Gipsverband in die Schule. Nun wollen die Kinder aus seiner Klasse auf den Arm schreiben. Anne wollte das auch. Aber Dieter hat sie weggeschickt. „Du hast so eine Krakelschrift“, hat er gesagt. „Und schmieren tust du auch.“ Anne ist traurig. Es stimmt, was der Dieter gesagt hat. Sie kann wirklich immer noch nicht gut schreiben. „Das lernst du schon noch“, tröstet sie Frau Kerger immer. Frau Kerger ist die Klassenlehrerin. Sie meint, dass Anne sehr gut malen kann. Das stimmt auch. Darum kann Anne dem Dieter doch etwas auf seinen Gips malen. Ein Haus, eine Blume oder ein Eichhörnchen.

Als es zur Pause klingelt, läuft Anne mit den anderen Kindern rauf ins Klassenzimmer. Dieter hat seinen Platz neben Anne. Er legt seinen Gipsarm auf den Tisch. Anne kann lesen, wer auf den Arm geschrieben hat. In roter, grüner, gelber und blauer Schrift. Claudia, die immer mit Dieter nach Hause geht, hat sogar ein rotes Herz draufgemalt.
„Wieso ist das nicht mein Gipsarm“, denkt Anne. „Dann dürften alle Kinder aus der Klasse draufmalen. Alle! Nur der Dieter nicht. Wenn ich so einen Gipsarm hätte, dann möchte ich auch so ein Herz drauf haben.“
Anne schiebt den Ärmel von ihrem Pulli hoch und malt auf ihren Arm ein kleines blaues Herz. Neben das Herz einen Pinguin. Der steht auf einer Eisscholle. Oben scheint die Sonne.
Dieter stupst sie an.
„He du, Anne“, sagt Dieter.
„Anne, malst du mir auch so einen kleinen Pinguin auf meinen Gipsarm?“
„Nee“, sagt Anne. „Einen Pinguin bekommst du nicht. Aber wenn du willst, mal ich dir einen Kaktus.“
„Einen Kaktus?“, fragt Dieter. „Warum denn das?“
„Weil der so stachelig ist. Genauso stachelig wie du.“ Anne lacht.

Ursula Fuchs

Vielleicht wird alles gut

Ich heiße Lena. Ich bin ziemlich schlecht in der Schule. Ich kann nicht gut lesen und beim letzten Diktat hatte ich achtzehn Fehler.
„Achtzehn Fehler, Lena!“, hat Frau Kammer gesagt. „Ich glaube, du musst dich etwas mehr anstrengen, sonst wirst du womöglich nicht versetzt.“
Ich habe einen großen Schreck bekommen, als ich das hörte. Ich will nicht sitzen bleiben. Ich will in keine andere Klasse gehen. Ich mag Frau Kammer gern. Und ich möchte weiter neben Regine Öhme sitzen, so wie jetzt.
„Bitte doch deine Mutter, dass sie jeden Tag mit dir lernt“, hat Frau Kammer noch gesagt. „Dann wird es schon werden.“
Aber meine Mutter kann nicht mit mir lernen. Sie geht nachmittags arbeiten. Ich bin die Älteste, ich muss aufräumen und einkaufen. Um vier kommt mein Vater, der schimpft so viel. Er stellt auch gleich den Fernseher an und meine Geschwister toben herum und dabei soll ich Schularbeiten machen. Mein Bett steht im Wohnzimmer und meistens kann ich nicht einschlafen, weil der Fernseher läuft.
Das alles hätte ich gern Frau Kammer erzählt. Ich traute mich nur nicht.
„Was bei uns los ist, braucht niemand zu wissen“, sagt meine Mutter immer.
Als die Schule aus war, wollte ich am liebsten mit keinem reden.
Doch Regine kam hinter mir hergerannt.
Regine ist noch nicht lange in unserer Klasse. Sie hat sich am ersten Tag ganz von allein neben mich gesetzt und mittags gehen wir oft zusammen bis zur großen Kreuzung.

„Sei doch nicht so traurig", sagte sie. „Ich habe auch elf Fehler. Aber meine Mutter diktiert mir jetzt jeden Tag eine Seite, das hilft bestimmt. Das musst du auch machen."
Plötzlich bin ich wütend geworden. Die hatte ja keine Ahnung!
„Halt doch die Klappe!", habe ich sie angebrüllt und dann musste ich heulen. Regine ist neben mir stehen geblieben. „Was ist denn los?", hat sie immer wieder gefragt. Da habe ich ihr alles erzählt. Sie hat zugehört und ein ganz komisches Gesicht gemacht und nichts mehr gesagt. Kein Wort. Nicht mal „auf Wiedersehen".
Zu Hause stand ein Haufen Geschirr herum, das musste ich abwaschen. Danach bin ich auf die Straße gegangen. Schularbeiten habe ich nicht gemacht. Ich habe mich auf die Treppenstufen gesetzt und gedacht: „Es hat ja doch keinen Zweck."
Auf einmal stand Regine neben mir. „Tag, Lena", sagte sie. „Ich will dich abholen."
„Warum denn?", fragte ich und dachte: „Das meint sie ja doch nicht ernst."
„Du sollst mit zu uns kommen", sagte sie. „Dann können wir zusammen mit meiner Mutter Diktat üben."
„Warum denn?", fragte ich wieder und da sagte Regine: „Weil du versetzt werden sollst. Ich möchte gern mit dir in einer Klasse bleiben." Wirklich, das hat sie gesagt. Genau so! Zuerst wollte ich es immer noch nicht glauben. Aber dann bin ich zu ihr gegangen und vielleicht wird jetzt alles gut.

Irina Korschunow

Hans Magnus Deubelbeiss – der Junge, der immer zu spät kam

Hans Magnus Deubelbeiss machte sich auf den Weg zur Schule um zu lernen. Unterwegs aber kam ein Krokodil aus einem Kanalloch und packte seine Büchertasche.
Hans Magnus Deubelbeiss zerrte und zog, aber das Krokodil wollte nicht loslassen.

Da warf er einen Handschuh hoch, das Krokodil schnappte danach und ließ dadurch die Büchertasche sein.
Hans Magnus Deubelbeiss eilte zur Schule um zu lernen, aber wegen des Krokodils hatte er sich verspätet.
„Hans Magnus Deubelbeiss, du kommst zu spät und wo ist dein anderer Handschuh?"
„Ich komme zu spät, Herr Lehrer, weil ein Krokodil aus dem Kanalloch kam und meine Tasche gepackt und erst losgelassen hat, als ich ihm meinen Handschuh hingeworfen hab, den es gefressen hat."
„Hier gibt es keine in Kanallöchern lebende Krokodile. Du musst nachsitzen und dreihundertmal schreiben: *Ich darf keine Krokodil-Lügen erzählen und meinen Handschuh nicht verlieren.*

So musste also Hans Magnus Deubelbeiss nachsitzen und dreihundertmal schreiben: *Ich darf keine Krokodil-Lügen erzählen und meinen Handschuh nicht verlieren.*
Hans Magnus Deubelbeiss machte sich auf den Weg zur Schule um zu lernen. Unterwegs aber kam ein Löwe aus dem Maisfeld und packte ihn an der Hose. Er kletterte auf einen Baum und wartete so lange, bis der Löwe keine Lust mehr hatte und wegging.

Hans Magnus Deubelbeiss eilte zur Schule um zu lernen, aber wegen des Löwen hatte er sich verspätet.
„Du kommst wieder zu spät, Hans Magnus Deubelbeiss, und du hast deine Hose zerrissen."
„Ich komme zu spät, Herr Lehrer, weil ein Löwe aus dem Maisfeld kam und meine Hose zerrissen hat, und ich musste auf einen Baum klettern, bis er weggegangen war."
„Hier gibt es keine Löwen in den Maisfeldern. Du musst in der Ecke stehen und vierhundertmal sagen: *Ich darf keine Löwen-Lügen erzählen und meine Hose nicht zerreißen.*

So stand also Hans Magnus Deubelbeiss in der Ecke und sagte vierhundertmal laut: *Ich darf keine Löwen-Lügen erzählen und meine Hose nicht zerreißen.*
Hans Magnus Deubelbeiss machte sich auf den Weg zur Schule um zu lernen. Unterwegs aber, gerade als er über die Brücke ging, packte ihn eine Riesenwelle. Er konnte sich am Brückengeländer festhalten und musste warten, bis die Welle vorüber war.
Hans Magnus Deubelbeiss eilte zur Schule um zu lernen, aber wegen der Riesenwelle hatte er sich verspätet.
„Du kommst wieder zu spät, Hans Magnus Deubelbeiss, und deine Kleider sind nass."

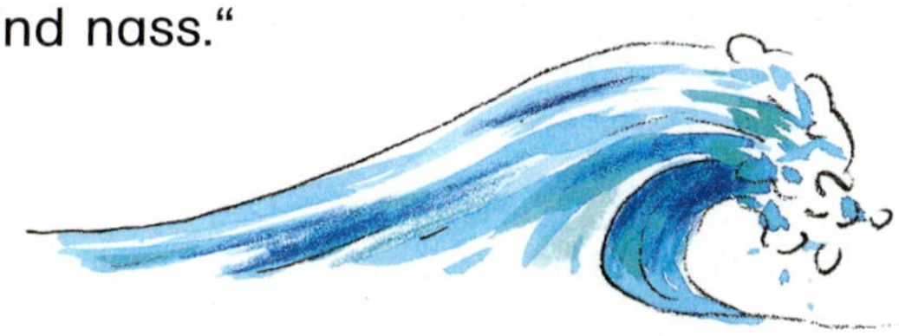

„Ich komme zu spät, Herr Lehrer, weil mich, gerade als ich über die Brücke ging, eine Riesenwelle gepackt hat und mich nass gemacht hat. Ich musste mich am Geländer festhalten und warten, bis das Wasser abgeflossen war."
„Hier gibt es keine Riesenwellen, die einen von Brücken reißen. Du wirst eingesperrt, bis du fünfhundertmal geschrieben hast: *Ich darf keine Riesenwellen-Lügen erzählen und meine Kleider nicht nass machen.* Und wenn du dann immer noch solche Lügen erzählst, dann muss ich dich mit meinem Stock schlagen."

So blieb Hans Magnus Deubelbeiss solange eingesperrt, bis er fünfhundertmal geschrieben hatte: *Ich darf keine Riesenwellen-Lügen erzählen und meine Kleider nicht nass machen.*
Hans Magnus Deubelbeiss machte sich auf den Weg zur Schule um zu lernen. Unterwegs passierte gar nichts und er kam zur rechten Zeit.

„Hans Magnus Deubelbeiss, ein riesiger, haariger Gorilla hält mich auf dem Dachboden fest. Du musst mich sofort befreien."
„Hier gibt es keine riesigen, haarigen Gorillas auf den Dachböden, Herr Lehrer."
Und Hans Magnus Deubelbeiss machte sich auf den Weg um zu lernen.

John Burningham

Fliegender Stern am schwarzen Wasser

Als Fliegender Stern am Morgen aufwachte, war es noch dunkel. Er dachte an sein braunes Pferd Himmelsrand und an die Angel, die er bekommen sollte, und er freute sich auf den Tag. Da packte ihn jemand an der Schulter.

„Steh auf, Fliegender Stern!“, flüsterte der große Bruder Grau-Hengst und zog ihm die Decken weg.

„Was ist?“, fragte Fliegender Stern und hielt die Decken fest.

„Still! Unsere Mutter schläft noch! Die Männer sind fort zur Jagd. Komm nach draußen!“, flüsterte Grau-Hengst.

Fliegender Stern fror in der kalten Morgenluft.

„Du sollst mit zum See!“, sagte Grau-Hengst.

Fliegender Stern erschrak. Jetzt, im Dunkeln und ohne den Vater, sollte er allein im eiskalten See schwimmen?

„Ich bin noch zu müde“, sagte er.

„Willst du nicht?“, fragte Grau-Hengst und lachte. „Du hast doch ein eigenes Pferd und sollst eine Angel bekommen. Ich dachte, mein Bruder Fliegender Stern sei jetzt ein Großer? Aber da steht er und klappert mit den Zähnen!“

Jemand lachte im Dunkeln. Fliegender Stern merkte, dass Schneller Hirsch, Großer Felsen und andere von den Großen in der Nähe standen. Überall krochen sie jetzt aus den Zelten, reckten sich und gähnten.

„Soll ich mich für meinen Bruder schämen?“, fragte Grau-Hengst.

„Los!“, riefen die anderen und alle rannten zum See hinunter. Schneller Hirsch war immer der Erste. Sie liefen durch ein kleines Wäldchen. Fliegender Stern rannte, so schnell er konnte. Er wollte nicht der Letzte sein. Grau-Hengst lief dicht hinter Schneller Hirsch. Fliegender Stern sah ihn nicht mehr. Dann lag das schwarze, blinkende Wasser von ihnen. Die Ersten sprangen gleich im Laufen über das Ufer hinaus.
Sie schrien und prusteten und balgten sich.
Jetzt sprangen die Letzten ins Wasser.
Nur Fliegender Stern stand noch am Ufer.
Er hielt sich an einem Baumstamm fest und starrte in das schwarze Wasser hinunter.
Er konnte nicht springen.
Grau-Hengst schwamm heran.
Er rief: „Komm, Fliegender Stern!“
Fliegender Stern schüttelte den Kopf.
Die anderen schrien: „Fliegender Stern!
Du bist gut gelaufen. Nun zeige, dass du wirklich ein Großer bist! Spring, spring!“
Wieder schüttelte Fliegender Stern den Kopf.
Am liebsten wäre er fortgelaufen.
Grau-Hengst stieg aus dem Wasser. Jetzt war es schon dämmrig und Fliegender Stern sah, das Grau-Hengst zornig war.
„Wirf mich hinein“, flüsterte er.
„Das gilt nicht“, sagte Grau-Hengst. „Aber komm, gib mir die Hand, wir springen zusammen.“
Fliegender Stern ließ den Stamm los. Er machte die Augen zu und sprang mit Grau-Hengst über den Uferrand.
Eisig war das Wasser. Fliegender Stern war steif vor Schreck und Angst und sank wie ein Stein bis auf den schlammigen Grund. Es brauste und

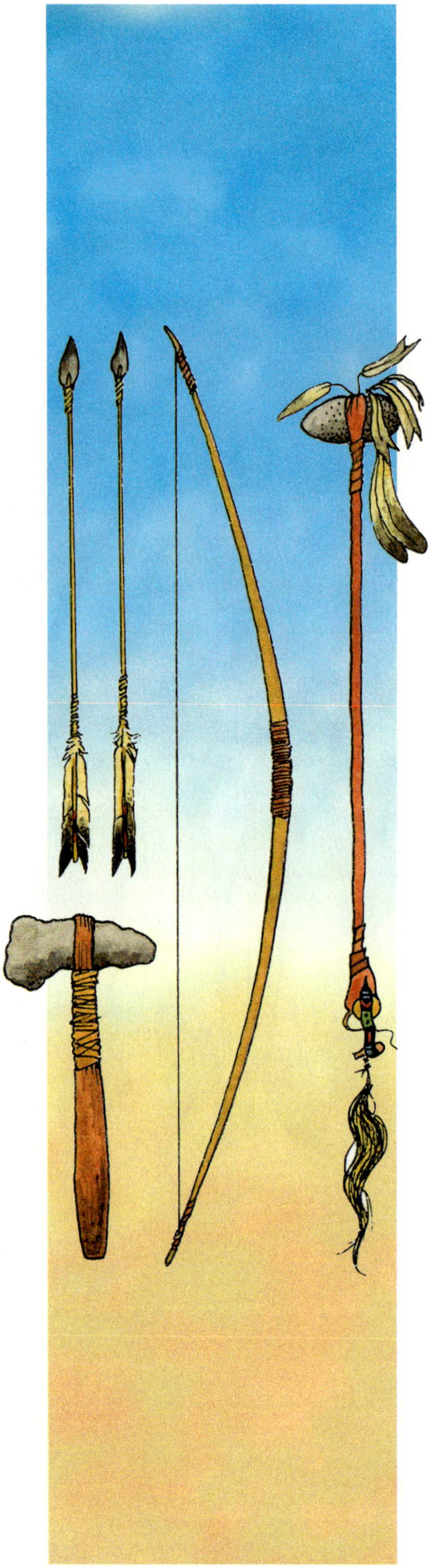

donnerte in seinen Ohren. Grau-Hengst hatte ihn losgelassen. Er strampelte und schlug um sich – und dann sah er durch den Wasserschleier vor seinen Augen den Morgenhimmel und die Bäume. Er spuckte und sackte schon wieder ab.
Doch jetzt packten ihn Grau-Hengst und sein Freund Großer Felsen.
Sie zogen ihn ans Ufer.
„Für heute ist das genug“, sagten sie und lachten.
„Morgen wirst du schwimmen lernen.“
Auch die anderen kamen ans Ufer.
Niemand lachte den kleinen Jungen aus, weil er Angst gehabt hatte. Sie waren ja alle einmal kleine Jungen gewesen und hatten sich wie er vor dem Wasser gefürchtet.
Sie liefen zurück zum Lager.
„Fliegender Stern ist ein Großer!“, riefen die Jungen so laut, dass man es in jedem Zelt hören konnte. Die Mütter und alten Leute nickten und alle freuten sich. Als der Vater von der Morgenjagd aus dem Wald zurückkam, sagte er:
„Du wirst ein tüchtiger Mann werden, Fliegender Stern.“
„Aber ich habe große Angst gehabt vor dem schwarzen Wasser und gestern, als das Pferd so weit mit mir fortlief, habe ich geweint.“
„Ich weiß“, sagte der Vater. „Ich habe es gesehen. Aber daran sollst du nun nicht mehr denken. Bist du nicht doch in den See gesprungen? Bist du nicht doch auf dem Pferd wieder zurückgeritten? Auch erwachsene Männer haben manchmal Angst.“

Ursula Wölfel

Mugabo

Lukas kennt Mugabo nicht. Doch seit die Lehrerin von ihm erzählt hat, versucht er ihn sich vorzustellen. Mugabo ist acht Jahre alt wie Lukas.
Er wohnt in Afrika. Auf dem Bild, das die Lehrerin von Mugabo besitzt, hat er krause Haare und dunkle Haut. Er lacht und zeigt seine weißen Zähne. Mugabo wohnt mit seinen Eltern und fünf Geschwistern in einem Haus aus getrockneten Lehmziegeln. Seine Eltern haben es selbst gebaut. Es besteht aus zwei Räumen. Mugabo hat kein Bett. Er schläft auf einer Strohmatte am Boden. Mugabo hat den ganzen Tag zu tun. Er sucht Brennholz zusammen. Er macht Feuer. Er holt Wasser am Brunnen. Er hütet fünf Ziegen und zwei Schafe und stampft stundenlang Hirsekörner.
Manchmal spielt er mit seinen jüngeren Geschwistern. Mugabos Vater besitzt ein Radiogerät. Er hat es auf dem Markt in der nahen Stadt gekauft. Mugabo ist stolz auf seinen Vater.
Mugabos größter Wunsch ist es, ein Fahrrad zu besitzen. Mugabo hat noch nie ein Flugzeug aus der Nähe gesehen und ist noch nie mit der Eisenbahn gefahren. Nur zweimal mit dem alten Bus.
Mugabos älterer Bruder bringt ihm Schreiben und Lesen bei. Rechnen hat er mit seinen Fingern und Zehen gelernt. Mugabo möchte gern zur Schule gehen. Aber der Vater ist nicht reich genug um das Schulgeld für mehrere Kinder zu bezahlen.
Lukas fällt es schwer, sich Kinder vorzustellen, die nicht in die Schule zu gehen brauchen.
Das wünscht er sich oft.
Soll er sie beneiden?

Max Bolliger

NIKOS LESETIPPS

Mach was!

Zu Seite 8

Bild von Keith Haring

Das Bild von Keith Haring heißt auf deutsch: Heranwachsen. Haring hat viel mit Kindern und Jugendlichen gearbeitet. Seine einfachen Formen konnten sie verstehen und teils auch selber malen. Du kannst in der Bücherei oder im Internet (www.kunst-fuer-alle.de oder www.haring.com) auch einige seiner vielen Bilder betrachten. Lass dich davon anregen und versuche eigene Haring-Bilder zu malen.

Denk nach!

Zu Seite 16 und 17

Fliegender Stern

Der Vater sagt zu Fliegender Stern: „Auch erwachsene Männer haben manchmal Angst."
Was glaubst du: Stimmt das?
Und wann stimmt das?

Lies was!

Zu Seite 16 und 17

Fliegender Stern

Ursula Wölfel hat ein ganzes Buch über die Erlebnisse von Fliegender Stern geschrieben. Sie sind spannend und humorvoll erzählt. Du kannst daraus viel erfahren über das Leben der Indianer. Schau mal in der Bücherei nach: Ursula Wölfel hat noch viele andere Bücher für Kinder geschrieben.

ABC Schlag nach!

Zu Seite 19

Mugabo

Weitere Informationen über Kinder in anderen Ländern bekommst du in Sachbüchern. Schlag bei den Lesedetektiven unter „Sachbuch" nach. In der Bücherei gibt es eine ganze Abteilung nur mit Sachbüchern. Schau auch im Internet nach, z. B. unter www.tdh.de oder …

Such was!

Antworten auf die Fragen findest du in den Texten dieses Kapitels.

- S. 17 Wer sagt: „Gib mir die Hand, wir springen zusammen“?
- ? Was ist der größte Wunsch eines afrikanischen Jungen?
- S. 10 Wer hat eine Krakelschrift?
- ? Malt Anne einen Pinguin auf ihren Arm? Was malt Anne auf Dieters Arm?
- S. 15 Wer wird von einem haarigen Gorilla festgehalten?
- ? Wer übt mit Lena und Regine?

Mach was!

Zu Seite 16 und 17

Fliegender Stern

Aus dem Buch „Fliegender Stern“ erfahrt ihr einiges aus dem Indianerleben. Wenn ihr richtige Indianer-Experten werden wollt, dann besorgt euch Sachbücher über Indianer in der Bücherei. Ihr könnt vieles malen, aufschreiben und vor allem auch basteln. Macht mit euren Ergebnissen eine Ausstellung für andere Kinder.

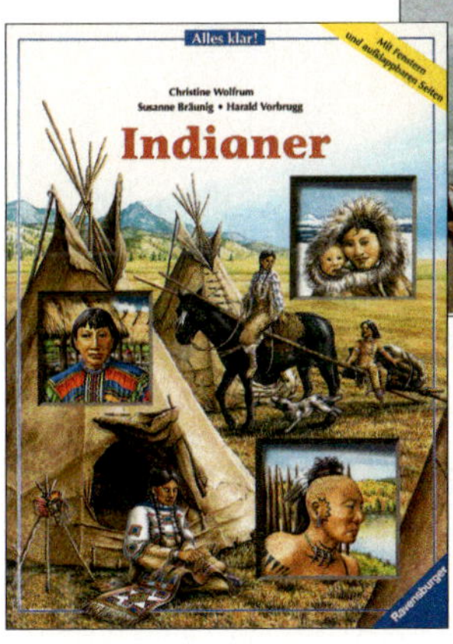

Schreib was!

Zu Seite 9

Manchmal

Sicherlich fühlst auch du dich mal so und machmal so.
Schreibe einen „Manchmal“-Text über deine Gefühle.

Manchmal fühle ich mich riesig, dann ...

Ein tolles Gefühl

Ich rase mit dem Fahrrad einen Berg hinunter. In diesem Augenblick kriege ich so ein Gefühl, als wüsste ich alles, könnte ich alles, so, als wäre mir nichts unbekannt und unmöglich. Der Wind zerrt an meinen Haaren, die Kleider pressen sich an meinen Körper, die Beine strampeln wie verrückt. Ich wachse, wachse, bekomme Flügel und bin unbesiegbar, unerreichbar. Alles, alles, was ich nur will, kann ich noch werden. Ich bin frei, glücklich, froh! Manchmal möchte ich vor Begeisterung die Augen zumachen. Aber ich darf nicht vergessen, aufzupassen: Außer mir gibt es noch Autos und Busse und Leute auf der Straße ...

Susanne Kilian

Verkehr

Ein Pferd fuhr auf der Straßenbahn,
die Leute sahn es alle an,
als ob das komisch wär.
Das Pferd zog seine Stirne kraus:
„Wer hält's denn auf der Straße aus
bei dem Verkehr?
Guckt doch mal raus!"
Da sagten sie nichts mehr.

Friedrich Hoffmann

Herr Schneck

Herr Schneck
(mit seinem Versteck)
kommt so rasch,
dass es braust,
um die Ecke gesaust.
Da schreit er laut:
„Halt!!!
Fast
wären wir
zusammengeknallt!
Herr!!!
Sehen Sie nicht,
dass ich
die Vorkriech habe?
Sie sind vielleicht
ein Unglücksrabe!
Beinahe hätte es
einen Unfall gegeben,
mir verdanken Sie,
dass Sie
noch leben!
Sie haben wohl
keinen Kriecherschein?“
„Nein!“,
brummt der Stein.

Max Kruse

Im Schwitzkasten

Oskar ging zum Spielen in den Hof, obwohl ihm gar nicht nach Spielen zumute war. Er traf Otto, den sie Bollack nannten, weil er so stark war und so gelackt daherkam. Bollack stieg von seinem Mountainbike und verwickelte ihn gleich in einen Ringkampf. Nach kurzem Gerangel fragte er: „Was ist los mit dir? Du kämpfst gar nicht richtig."

„Mir geht's halt nicht gut", antwortete Oskar.
„Hast du Bauchweh?"
„Nein."
„Halsweh?"
„Nein."
„Was dann?"
„Das mit dem neuen Fahrrad wird wohl nichts."
„Wie?"
„Ich krieg's nicht!", schrie Oskar.
„Warum schreist du so? Ich hör sehr gut."
„Wenn mein Vater seine Arbeit verliert, verdient er nichts."
„Und wenn er nichts verdient, kriegst du kein Fahrrad."
Bollack lachte, als hätte er einen guten Witz gemacht.
Oskar war wütend. „Das ist nicht komisch."
Er nahm Bollack in den Schwitzkasten, stellte ihm ein Bein und warf ihn auf die Pflastersteine. Dann drehte er ihm den rechten Arm auf den Rücken.
„Nicht so fest!", schnauzte Bollack. „Spinnst du?!" Erschrocken ließ Oskar los.
Bollack verzieh ihm den schmerzhaften Angriff. Er nahm sein Fahrrad.
„Setz dich hinten drauf", sagte er. Oskar schwang sich auf den Gepäckträger und sie drehten einige Runden im Hof. Die Spatzen brachten sich in Sicherheit.
„So ein Fahrrad möchte ich auch mal haben", sagte Oskar.
„Das ist kein Fahrrad", belehrte ihn Bollack, „das ist ein Mountainbike."
„Es hat aber einen Gepäckträger."
„Meins hat eben einen! Ohne wär's langweilig und du könntest nicht hintendrauf sitzen."
„Mit einem Mountainbike kann man Berge hochfahren."
„Kein Problem."
„Mach."

„Wo?“
Oskar sprang vom Gepäckträger. „Keine Ahnung.“
„Ich hab's!“, rief Bollack. „Halt mal die Tür zum Treppenhaus auf.“ Oskar öffnete die Tür.
Ungefähr zehn Stufen führten vom Hof hinauf bis zum ersten Treppenabsatz. Bollack trat kräftig in die Pedale. Statt nun seitwärts eine Stufe nach der anderen zu erklimmen, glaubte er, die Treppe mit Schwung hochfahren zu können. Sein Vorderrad krachte gegen den ersten Absatz und verbog sich zu einer Acht. Bollack fiel übers Lenkrad gegen das Geländer.
Oskar eilte zu Hilfe. „Hast du dir wehgetan?“
„Frag nicht so blöd!“, blaffte Bollack ihn an und hielt sich den rechten Arm.
Sie saßen auf der Treppe und schwiegen. Bollack konnte von Glück sagen, dass es ihn nicht schlimmer erwischt hatte. Nicht auszudenken, wenn er mit dem Kopf gegen die eisernen Streben am Treppengeländer geflogen wäre.
„Mein Mountainbike ist hin.“
„Nur das Vorderrad. Das lässt sich reparieren oder durch ein neues ersetzen“, tröstete Oskar ihn.
Bollack atmete erleichtert auf. Ein Leben ohne Mountainbike konnte er sich nicht vorstellen. Er brachte die Trümmer in den Keller und deckte ein altes Tuch über den verbogenen Reifen.
„Wie sag ich's meinem Vater?“ Bollack konnte schon wieder lachen.
Oskar klopfte ihm anerkennend auf die Schulter und meinte: „Ruf mich, wenn er dir die Ohren lang zieht. Ich werde mit ihm reden.“
„Und ich rede mit deinem Vater. Wenn er dir ein Fahrrad versprochen hat, muss er auch eins kaufen.“
Die beiden Jungen tänzelten schattenboxend über den Hof.

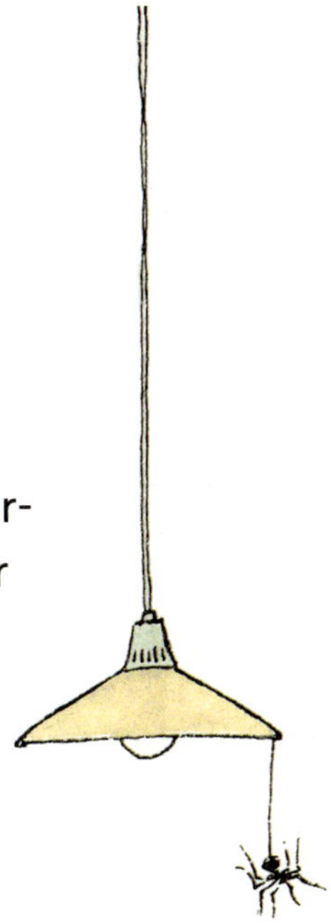

Wilfrid Grote

Der Traum vom Fliegen

Der Traum des Menschen vom Fliegen, der Wunsch, die Sterne zu erreichen, ist so alt wie die Menschheit selbst. Und es ist leicht nachzuvollziehen, dass ein Mensch in der Steinzeit, der plötzlich einem wilden, angreifenden Tier gegenüberstand, sich danach sehnte, aufspringen und wie ein Vogel fortfliegen zu können.

Nach einer alten griechischen Sage war Dädalus, der Erfinder aus Athen, der erste Mensch, ein fliegen konnte. Er und sein Sohn Ikarus wurden auf der Insel Kreta von König Minos in einem Labyrinth gefangen gehalten. Um zu fliehen formte Dädalus Flügel aus Wachs, in die er Vogelfedern steckte. Während des Fluges stieg Ikarus zu hoch und die Sonne ließ das Wachs schmelzen. Er stürzte ins Meer und ertrank.

Leonardo da Vinci war nicht nur der größte Mathematiker des 15. Jahrhunderts, sondern auch ein bekannter Maler, Architekt, Bildhauer und Ingenieur.
Er studierte den Vogelflug und die Luftbewegung und kam zu dem Schluss, dass die Vögel fliegen, weil sie mit den Flügeln schlagen, und dass der Mensch das Gleiche tun könnte. Leonardo entwarf ein Schwingenflugzeug, eine flügelschlagende Flugmaschine.
Die Flügel sollten mit Armen und Beinen bewegt werden.

Die französischen Brüder Michel-Joseph (1740 – 1810) und Etienne-Jacques (1745 – 1799) Montgolfier entwickelten eine ganz andere Idee: Sie eiferten nicht mehr den Vögeln nach, sondern fingen über einem Feuer in einem Ballon heiße Luft ein. Als erste Passagiere reisten im September 1783 ein Schaf, eine Ente und ein Hahn mit diesem Heißluftballon. Kurze Zeit später, am 21. 11. 1783, stieg der erste bemannte Heißluftballon auf. Übrigens: Einen Ballonaufstieg nennt man nicht Flug, sondern Fahrt.

Otto Lilienthal (1848 – 1896) baute 1891 den sogenannten Hängegleiter. Das fledermausartige Gebilde aus Weidenstäben und Segeltuch konnte gesteuert werden. Lilienthal führte viele hundert Flüge durch und flog dabei bis zu 300 m weit. Er stürzte 1896 bei einem Gleitflug ab und starb.

Viele Tüftler versuchten um 1900 eine Flugmaschine zu bauen. Als erste Menschen flogen im Jahre 1903 die Amerikaner Wilbur und Orville Wright mit einem Motorflugzeug, dem Flyer. Ihr erster Flug dauerte 12 Sekunden und die Strecke betrug 36 Meter. Orville lag dabei auf der unteren Tragfläche und lenkte.

Mit rasanter Geschwindigkeit ging die Entwicklung der Flugzeuge weiter. Man flog immer höher, weiter und länger. Heute greifen wir nach den Sternen ...

Andrea Böhm

Spezialflugzeuge

Nicki Stiller, der berühmte Flugzeugkonstrukteur hat vier neue Flugzeugmodelle entworfen und gebaut.
Als erstes erfand er den fliegenden Hai. Dies ist ein sehr schnelles Jagdflugzeug. Beim ersten Flugversuch stürzte er zwar ab, aber das Modell Nr. 2 war bereits viel besser gebaut.

Dann erfand Nicki das fliegende Schwein. Dieses Modell hat eine eigenartige Antriebsart. Und zwar wird durch die Nasenlöcher des Flugschweins Luft eingesaugt. Im Inneren ist dann eine große, heiße Luftblase, die das Flugschwein aufsteigen lässt. Dann wird die Luft durch eine Düse am Ende des Schweins ausgestoßen, wodurch die Antriebskraft entsteht. Sollte dieses komplizierte System einmal versagen, kann der Pilot immer noch den Ohren-Mechanismus einschalten.
Die Ohren des Flugschweins fangen dann wie Flügel zu schlagen an und das Schwein kann nicht abstürzen.

Und zum Schluss baute Nicki das 10-Flügel-Flugzeug. Das war seine tollste Erfindung.
Das 10-Flügel-Flugzeug hat einen langen Rumpf,

an dessen Seiten fünf bewegliche Flügelpaare angebracht sind. Und zwar der Reihe nach: ein Paar Libellenflügel, ein Paar Adlerflügel, ein Paar Fledermausflügel, dann Schwalbenflügel und zuletzt Spatzenflügel. Dieses Flugzeug hat zwar einen etwas unregelmäßigen Flug, wenn alle Flügelpaare in Bewegung sind, aber dafür kann es niemals abstürzen. Mit welcher dieser Flugmaschinen würdest du am liebsten fliegen?

Erwin Moser

TRAUMREISEBÜRO

„Dreimal Katapulien bitte,
hin und zurück!“

„Möchten Sie fliegen oder bevorzugen Sie
eine Wasserschildkröten-Reise?“

„Nein, danke, ich fliege lieber
per Nachteule.“

„Haben Sie
in Katapulien Verwandte?“

„Ja, mein Herr Ururgroßvater lebt dort
in der Steinzeit.“

„Ja, wenn das so ist, dann rate ich Ihnen
aber doch zu einer schnelleren Überfahrt.
Wie wäre es mit der Fledermaus?“

„Fledermaus? – Kein schlechter Gedanke. Nur etwas
kostspielig. Täte es nicht auch ein Fliegender Hund?“

„Da haben Sie leider keinen Anschluss nach Katapulien. Oder wollen Sie lieber in Kilibonien umsteigen?“

„Wo denken Sie hin! Was würde denn
mein Herr Ururgroßvater dazu sagen!“

„Also bleibt es bei der Nachteule, 31 Uhr 16, Flugschneise 7. Hier sind ihre Tickets. Gute Reise! Und empfehlen Sie mich bitte Ihrer verehrten Frau Ururgroßmutter.“

„Tschüss!“

Roswitha Fröhlich

Der Drachen

Frosch und Kröte wollten ihren Drachen steigen lassen. Sie liefen auf eine Wiese, wo der Wind tüchtig blies.
„Unser Drachen wird hoch fliegen“, sagte Frosch.
„Hoch und immer höher bis in den Himmel.“
Dann sagte er: „Komm, Kröte, ich halte die Schnur. Du rennst mit dem Drachen los.“
Kröte rannte über die Wiese. Sie rannte so schnell sie konnte. Zuerst stieg der Drachen auf. Dann plumpste er auf die Erde. Drei Spatzen saßen auf einem Busch und lachten.
„Piep, hihi. Piep, hihi.“ Und dann spotteten sie: „Euer Drachen wird nie fliegen. Der taugt nichts.“
Kröte rannte zu Frosch zurück.
„Der Drachen taugt nichts“, klagte sie.
„Ich mag nicht mehr.“

„Wir versuchen es noch mal“, sagte Frosch.
„Schwenke den Drachen über deinem Kopf. Vielleicht fliegt er dann.“
Kröte rannte wieder über die Wiese. Sie schwenkte den Drachen über ihrem Kopf. Er stieg in die Luft, trudelte aber gleich wieder herunter.
„Euer Drachen ist ein Witz“, kicherten die Spatzen. „Den kriegt ihr nie in die Luft.“
Kröte lief zu Frosch.
„Dieser Drachen ist ein Witz“, sagte sie.
„Den kriegen wir nie in die Luft.“
Frosch überlegte, dann sagte er:
„Schwenke den Drachen über deinem

Kopf und hüpfe dabei auf und ab. Vielleicht fliegt er dann.“
Kröte rannte wieder über die Wiese. Sie schwenkte den Drachen über ihrem Kopf. Sie hüpfte auf und ab. Der Drachen stieg in die Luft, aber gleich darauf lag er – platsch! – wieder im Gras.
„So ein Schrott!“, riefen die Spatzen. „Den könnt ihr wegwerfen.“
Kröte lief zu Frosch. „Der Drachen ist Schrott“, sagte sie, „wir werfen ihn weg.“

„Kröte, bitte“, sagte Frosch, „lass es uns noch einmal versuchen! Noch ein einziges Mal. Schwenke den Drachen über deinem Kopf. Hüpfe auf und ab und schrei: „Drachen, flieg!“
Kröte rannte über die Wiese. Sie schwenkte den Drachen über ihrem Kopf. Sie hüpfte auf und ab. Sie schrie: „Drachen, flieg!“
Und da flog der Drachen – hoch und immer höher.
„Wir haben's geschafft!“, rief Kröte.
„Na, also“, sagte Frosch.
„Mit dem Rennen allein hat's nicht geklappt. Mit dem Rennen, Schwenken und Hüpfen hat's nicht geklappt. Aber mit dem Rennen, Schwenken, Hüpfen und Schreien hat's geklappt.“
Die Spatzen flogen auf. Aber so hoch wie der Drachen konnten sie nicht fliegen. Frosch und Kröte saßen im Gras und waren stolz.
„Er fliegt in den Himmel hinein“, sagten sie.

Arnold Lobel

NIKOS LESETIPPS

Zu allen Texten über das Fliegen

Es gibt viele unterschiedliche Arten, Flieger aus Papier zu bauen und zu falten. Bringt sie euch gegenseitig bei. In der Bücherei könnt ihr dazu Anleitungen in Papier-Bastel-Büchern finden. Hängt eure Flieger als Mobile an einem Gymnastikreifen auf.

Zu Seite 28 und 29

Der Traum vom Fliegen

Ikarus stürzte ab, Lilienthal verunglückte. Der Traum vom Fliegen hat vielen Menschen das Leben gekostet. Warum setzen Menschen für einen Traum das Leben aufs Spiel? Ist es das wert?

Zu Seite 26 und 27

Schwitzkasten

Die Geschichte ist aus Wilfrid Grotes Buch „Kleine Sprünge".
Er hat darin noch mehrere spannende, lustige und nachdenkliche Geschichten aus dem Alltag von Kindern gesammelt.
Das Buch wirst du wahrscheinlich auch in deiner Bücherei finden.

Zu Seite 28 und 29

Der Traum vom Fliegen

In diesem Kapitel findest du Informationen über frühe Flugmodelle und Flugzeuge. Aber weißt du denn auch, wer das erste Mal auf dem Mond landete ist und wie seine Rakete hieß? Lies in einem Sachbuch nach!

Such was!

Antworten auf die Fragen findest du in den Texten dieses Kapitels.

S. 33 Konnten die Spatzen so hoch fliegen wie der Drachen?
? Wie lautet die Antwort auf die Frage „Hast du dir weh getan?“
? Wer hatte massenhaft Zylinder?
S. 29 Wie lange dauerte der erste Motorflug?
? Wer hat keinen Kriecherschein?
S. 30 Welcher Flugzeugkonstrukteur hat das fliegende Schwein erfunden?

Schlag nach!

Zum Comic von Seite 24

Jan P. Schniebel hat diesen Comic gezeichnet. Sein Comic-Held ist immer Fux, der Fuchs. Schlag hinten bei den Lesedetektiven nach, was du unter dem Stichwort Comic findest.

Spiel was!

Zu Seite 31

Traumreisebüro

- Spielt die Szene im Traumreisebüro. Beide Personen dürfen hier ruhig etwas überdreht spielen.
- Erfindet weitere eigene Szenen. Jemand sucht zum Beispiel eine Reise nach Millipulli. Er möchte dabei über Kasalotto reisen und unbedingt den Haifischexpress nehmen, obwohl das ja ein ziemliches Risiko ist.
- Schreibt einen Reiseprospekt für das Traumreisebüro. Welche Reise gibt es noch? In welchen Traumhotels gibt es welche Traumspeisen und spiele?

Pieter Bruegel d. Ä., *Schlaraffenland*

Vom Schlaraffenland

Kommt, wir wollen uns begeben
Jetzo ins Schlaraffenland.
Seht, da ist ein lustig Leben
Und das Trauern unbekannt!
Seht, da lässt sich billig leben
Und umsonst recht lustig sein,
Milch und Honig fließt in Bächen,
Aus den Felsen quillt der Wein.

Und von Kuchen, Butterwecken
Sind die Zweige voll und schwer.
Feigen wachsen in den Hecken,
Ananas im Busch umher.
Keiner darf sich mühn und bücken,
Alles stellt von selbst sich ein.
Oh, wie ist es zum Entzücken!
Ei, wer möchte dort nicht sein.

Und die Straßen allerorten,
Jeder Steg und jede Bahn,
Sind gebaut aus Zuckertorten
Und Bonbons und Marzipan.
Und von Brezeln sind die Brücken
Aufgeführt gar hübsch und fein.
Oh, wie ist es zum Entzücken!
Ei, wer möchte dort nicht sein.

Ja, das mag ein schönes Leben
Und ein herrlich Ländchen sein.
Mancher hat sich hinbegeben,
Aber keiner kam hinein.
Ja, und habt ihr keine Flügel,
Nie gelangt ihr bis ans Tor,
Denn es liegt ein breiter Hügel
Ganz von Pflaumenmus davor.

Hoffmann von Fallersleben

Vom süßen Brei

Es war einmal ein armes, frommes Mädchen, das lebte mit seiner Mutter alleine und sie hatten nichts mehr zu essen. Da ging das Kind hinaus in den Wald und begegnete einer alten Frau. Diese wusste schon, was ihr fehlte, und schenkte ihr ein Töpfchen, zu dem es sagen sollte: „Töpfchen koch!" Dann kochte es süßen, guten Hirsebrei. Wenn es jedoch sagte: „Töpfchen steh!", so hörte es wieder auf zu kochen. Das Mädchen brachte den Topf seiner Mutter heim und von nun an litten sie keinen Hunger mehr und aßen süßen Brei, sooft sie wollten. Eines Tages war das Mädchen ausgegangen, da sprach die Mutter „Töpfchen koch!" und da kochte es und sie aß sich satt. Als sie nun aber wollte, dass das Töpfchen aufhörte, wusste sie die Worte nicht. Also kochte es weiter und der Brei stieg über den Rand hinaus und es kochte immerzu, die Küche und das ganze Haus voll und das zweite Haus und dann die Straße, als wollte es die ganze Welt satt machen. Endlich, als nur noch ein einziges Haus übrig ist, kommt das Kind nach Hause und spricht: „Töpfchen steh!" Da hörte es auf zu kochen, doch wenn sie wieder in die Stadt wollten, mussten sie sich durchessen.

Gebrüder Grimm

Die drei Wünsche

Es waren einmal ein Mann und eine Frau,
die waren sehr arm und klagten unentwegt
über ihr Schicksal.
„Mein Gott! Mein Gott!“, sagten sie. „Es gibt Leute,
die sind so glücklich!
Und wir laufen den ganzen Tag im Wald nach Brennholz umher.“
Das hörte ein Greis, der durch den Wald ging.
„Ich sehe, ihr seid mit eurem Schicksal nicht zufrieden.
Nun! Ich möchte etwas für euch tun. Wünscht euch drei Dinge;
sie sollen in Erfüllung gehen.“
Am Abend saß der Mann mit seiner Frau am Feuer. Sie dachten nach.
„Was sollen wir uns wünschen?“, fragten sie sich.
Plötzlich, beim Anblick der kleinen Holzstücke, die lustig knisterten, rief die gute Frau, ohne im geringsten daran zu denken, dass sie einen Wunsch äußerte:
„Ganz gleich, eine große Blutwurst auf dieser guten Kohlenglut, das wäre eine Wohltat!“ Augenblicklich fiel eine knackige Blutwurst aus dem Kamin in die Kohlenglut hinein. Der Mann wurde zornig.
„Bist du verrückt, altes Weib? Ist das dein Wunsch? Ich möchte wahrhaftig, dass diese Blutwurst sich an deine Nase hänge!“
Sofort geschah, was er sagte. Die Blutwurst hängte sich an die Nasenspitze der alten Frau. Beide, der Mann und seine Frau, waren höchst betrübt.
„Jetzt haben wir nur noch einen Wunsch.“ Sie überlegten lange, lange und die Blutwurst hing immer weiter an der Nasenspitze der unglücklichen Frau. Der Mann, von Mitleid ergriffen, fasste den weisesten Entschluss.
„Ich muss dich aus der Lage befreien. Ich wünsche, dass die Blutwurst von deiner Nase verschwindet. Bleiben wir arm. Reichtum macht nicht glücklich.“
Der dritte Wunsch wurde erfüllt wie die vorigen und unsere beiden Alten suchten weiter Brennholz im Wald, bis sie starben.

Ré Soupault

Ein Schock für Rumpelstilzchen

Es war einmal eine Mutter namens Frau Holle. Frau Holle hatte acht Kinder, die sieben Zwerge und Dornröschen. Frau Holle wollte wieder heiraten, aber sie fand keinen Mann.

Eines Tages, als sie einkaufen ging, sah sie einen Zwerg namens Rumpelstilzchen. Es war wie Liebe auf den ersten Blick. Frau Holle war verliebt. Rumpelstilzchen wollte Frau Holle schon lange heiraten und jetzt traute er sich endlich sie zu fragen. Er kniete vor sie hin und fragte sehr romantisch: „Frau Holle, möchtest du mich heiraten?“
Frau Holle errötete und rief: „Wann soll die Hochzeit sein?“
Als eine Woche vergangen war, planten sie die Hochzeit.
Als die Hochzeit vorbei war, zog Rumpelstilzchen zu Frau Holle.

Frau Holle aber hatte Rumpelstilzchen nichts von ihren Kindern erzählt. Als Rumpelstilzchen mit den Koffern zur Tür hereinkam, bekam er einen SCHOCK. Da standen die sieben Zwerge und Dornröschen in der Wohnung! Rumpelstilzchen konnte vor Schreck über die vielen Kinder drei Wochen, vier Tage und zwei Stunden nicht mehr reden.

Marion und Christoph

Ein sehr kurzes Märchen

Hänsel und Knödel,
die gingen in den Wald.
Nach längerem Getrödel
rief Hänsel plötzlich: „Halt!“

Ihr alle kennt die Fabel,
des Schicksals dunklen Lauf:
Der Hänsel nahm die Gabel
und aß den Knödel auf.

Michael Ende

Lob des Ungehorsams

Sie waren sieben Geißlein
und durften überall reinschaun,
nur nicht in den Uhrenkasten,
das könnte die Uhr verderben,
hatte die Mutter gesagt.

Es waren sechs artige Geißlein,
die wollten überall reinschaun,
nur nicht in den Uhrenkasten,
das könnte die Uhr verderben,
hatte die Mutter gesagt.

Es war ein unfolgsames Geißlein,
das wollte überall reinschaun,
auch in den Uhrenkasten,
da hat es die Uhr verdorben,
wie es die Mutter gesagt.
Dann kam der böse Wolf.

Es waren sechs artige Geißlein,
die versteckten sich, als der Wolf kam,
unterm Tisch, unterm Bett, unterm Sessel,
und keines im Uhrenkasten,
sie alle fraß der Wolf.

Es war ein unartiges Geißlein,
das sprang in den Uhrenkasten,
es wusste, dass er hohl war,
dort hat's der Wolf nicht gefunden,
so ist es am Leben geblieben.

Da war Mutter Geiß aber froh.

Franz Fühmann

Die Bremer Stadtmusikanten

Ein Esel, schwach und hochbetagt,
ein Hund, von Atemnot geplagt,
ein Katzentier mit stumpfem Zahn
und ein dem Topf entwichner Hahn,
die trafen sich von ungefähr
und rieten hin und rieten her,
was sie wohl unternähmen,
dass sie zu Nahrung kämen.

Ich Esel kann die Laute schlagen:

Ich Hund will's mit der Pauke wagen:

Ich Katze kann den Bogen führen:

Ich Hahn will mit Gesang mich rühren:

So kamen sie denn überein,
sie wollten Musikanten sein
und könnten's wohl auf Erden
zuerst in Bremen werden.
Ja plonga plonga plomm.
Rabau rabau rabomm.
Miau miau mihie.
Kokürikürikie.

Die Sonne sank, der Wind ging kalt.
Sie zogen durch den dunklen Wald.
Da fanden sie ein Räuberhaus.
Das Licht schien in die Nacht hinaus.
Der Esel, der durchs Fenster sah,
wusst anfangs nicht, wie ihm geschah:
Ihr Kinder und ihr Leute,
was winkt uns da für Beute!

Den Fuß er leis ans Fenster stellte,

der Hund auf seinen Rücken schnellte,

und auf den Hund die Katze wieder,

zuoberst ließ der Hahn sich nieder,

Das Räubervolk zu Tische saß
man schrie und lachte, trank und aß.
Und plötzlich brach durchs Fenster
der Sturm der Nachtgespenster:
Ja plonga plonga plomm.
Rabau rabau rabomm.
Miau miau mihie.
Kokürikürikie.

So grässlich waren Bild und Ton,
dass die Kumpane jäh entflohn.
Statt ihrer schmausten nun die vier,
bezogen dann ihr Schlafquartier.
Ein Räuber doch mit schiefem Blick
schlich mitternachts ins Haus zurück,
um heimlich zu ergründen,
wie denn die Dinge stünden.

Mit eins war sein Gesicht zerrissen,
miau miau mihie,
sein linkes Bein mit eins zerbissen,
rabau rabau rabomm,
sein Leib getroffen von den Hufen,
ja plonga plonga plomm.
Sein Herz erschreckt von wilden Rufen,
kokürikürikie.

Er lief und lief durchs Dickicht quer,
als käm' der Teufel hinterher.
Da gab es bei den Tieren
ein großes Jubilieren:

Manfred Hausmann

Eine Räubergeschichte

Der Erzähler Es ist dunkle Nacht.
Nichts ist zu sehen.
Die Kinder halten spähend die Hände vor die Augen.

Der Erzähler Drei Räuber stapfen durch den Wald.
Die Kinder stapfen auf den Boden.

Der Erzähler Der erste heißt Zack.
Zack tritt in den Kreis, geduckt als Räuber.

Der Erzähler Der zweite heißt Zack-Zerack.
Zack-Zerack tritt neben ihn.

Der Erzähler Der dritte heißt Zack-Zerack-Zackeromini.
Zackeromini tritt in den Kreis.

Der Erzähler Sie stapfen durch den dunklen Wald.
Die drei Räuber stapfen geduckt im Kreis.

Der Erzähler Sie suchen einen Schatz.
Und wo steckt der Schatz?
Die Kinder geben verschiedene Antworten.

Der Erzähler Der Schatz steckt im alten Schloss.
Und wo liegt das Schloss?
Die Kinder geben verschiedene Antworten.

Der Erzähler Das Schloss liegt im Wald. Dort!
Eine Stelle im Kreis wird gezeigt.
Zwei Kinder bilden mit den Armen ein Schlosstor.
Die Räuber stapfen darauf zu.

Der Erzähler Die Räuber ducken sich.
Sie schleichen mit leisen Schritten.
Sie schieben die Zweige zur Seite.
Sie stehen vor dem Schloss.
Spähend wird das Schloss betrachtet.
Sie klopfen an das Tor. *Klopfen*
Sie schauen durch ein Fenster.
Zack stößt mit dem Kopf an die Scheibe.
Es klirrt.

Die Kinder	Klirr!
Der Erzähler	Eine Eule heult.
Die Kinder	Heu-heu – heu-heu!
Der Erzähler	Fledermäuse huschen vorbei.
Die Kinder	*schaurig* Sch-sch-sch-
Der Erzähler	Das Schlossgespenst kichert.
Das Gespenst	*flattert aus dem Tor im Kreis und ruft*
	Hihi! Hihi!
	Die Räuber erstarren.
Der Erzähler	Da kriegen die Räuber einen Schreck.
Die Räuber	*lang gezogen* Hilfe!
Der Erzähler	Sie laufen davon.
	Die Räuber laufen im Kreis,
	das Gespenst zurück zum Tor.
Der Erzähler	Zack stößt gegen einen Baum.
Die Kinder	Bumm!
	Zack mimt das Anstoßen,
	er bleibt plötzlich stehen,
	schlägt die Hand vor den Kopf.
Der Erzähler	Zack-Zerack stolpert über einen Stein.
Die Kinder	Hoppla!
	Zack-Zerack mimt das Stolpern.
Der Erzähler	Zack-Zerack-Zackeromini
	plumpst in den Bach.
Die Kinder	Platsch!
	Zackeromini lässt sich langsam fallen.
Der Erzähler	Das Schlossgespenst lacht.
Das Gespenst und die Kinder	*lang ausheulend* Hohoho! Hohoho!
Der Erzähler	Die Räuber ziehen wieder ab.
	Die Räuber schlurfen bedeppert
	und heulend ab, zurück auf ihre Plätze.

Hanna und Rolf Hanisch

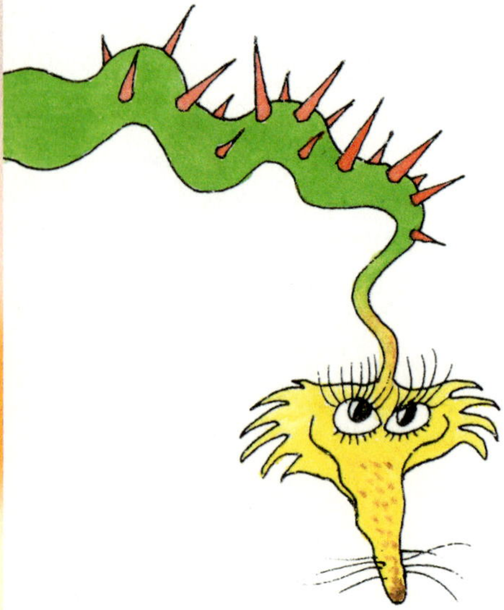

Mazedonische Monsterballade

leise vortragen

Gruseletto kohlt im Gammer
Urmelt luse seine Melk
Fatz, der Matsche olle Lammer
Watzelmollig ohne Kelk.

laut vortragen

Ratzifurz kabumsi Ausel
Lutzelfriem mit Morchelalk
Nimmer kutzt der pralle Sausel
Sein Rapumpel Kauselschalk.

feierlich vortragen

CABINETTO EIN BELUCHTER
LOMMEL EI KATETENWURM
OH, SUSINE DIESE FUCHTER
HAP, HAP, HAP IM OWITURM

schnell vortragen

Ehne mehne Watz im Koller
Happy end soll aller Meut
Marry wollo jemals boller
Atsch gelotten jemmer Freut.

Wilfried Blecher

Das Hemmed

Kennst du das einsame Hemmed?
Flatterata, flatterata.

Der's trug, ist bass verdämmet!
Flatterata, flatterata.

Es weint wie ein kleines Kinde.
Windurudei, windurudei.

Es knattert und rattert im Winde.
Windurudei, windurudei.

Da ist das einsame Hemmed.

Christian Morgenstern

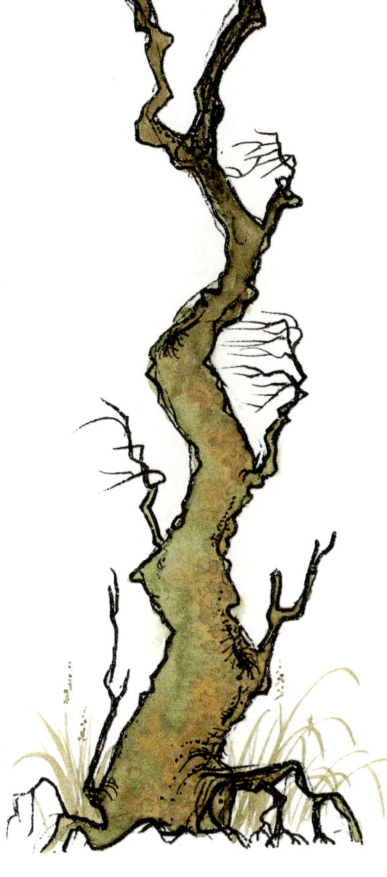

Gruselmärchen

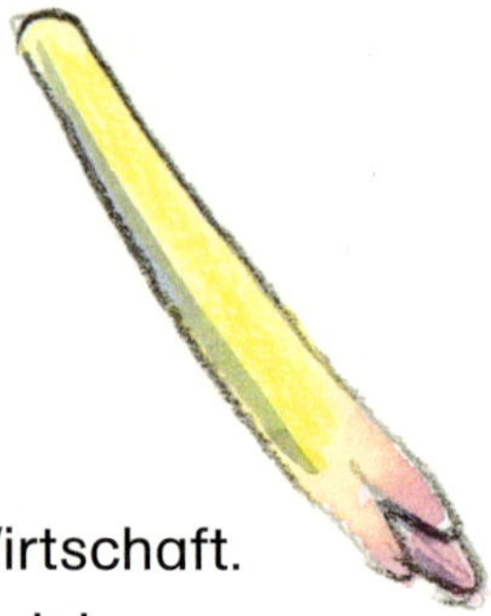

Ein Mann wollte einmal seinen Nachbarn besuchen. Ich will ihm nur Guten Tag sagen, dachte der Mann und trat in das Haus.

Da fand er eine wunderliche Wirtschaft. Auf der ersten Treppe zankten sich Besen und Schippe miteinander. Sie ließen ihn kaum vorbei. „Wo wohnt mein Nachbar?“, fragte der Mann. „Eine Treppe höher“, sagten Besen und Schippe.

Auf der zweiten Treppe lagen Finger herum. Der Mann rutschte fast auf ihnen aus. „Wo wohnt mein Nachbar?“, fragte er. „Eine Treppe höher“, sagte ein Fingerchen.

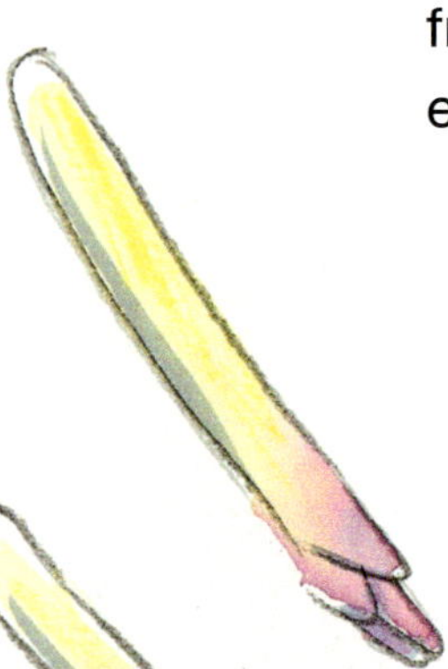

Auf der dritten Treppe lagen Totenköpfe. Der Mann mochte nicht hinsehen. „Wo wohnt mein Nachbar?“, fragte er. „Eine Treppe höher“, sagte ein Kopf.

Auf der vierten Treppe brutzelten Fische in der Pfanne, die brieten sich selber. „Wo wohnt mein Nachbar?“, fragte der Mann. „Eine Treppe höher“, sagten die Fische.

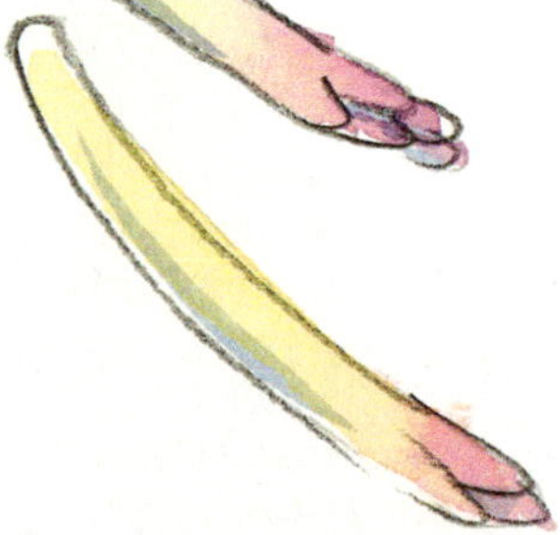

Dort war eine Tür, die war verschlossen. Der Mann sah durch das Schlüsselloch. Da sah er den Nachbarn und der sah recht schrecklich aus. Er hatte Hörner und rote Augen. Der Mann machte die Tür auf. Da lag der Nachbar im Bett und war ganz manierlich.

„Guten Tag“, sagte der Mann, „ich wollte euch einmal besuchen, doch ich habe eine wunderliche Wirtschaft gefunden. Auf der ersten Treppe zankten Besen und Schippe miteinander.“

Der Nachbar sagte: „Ihr habt euch geirrt. Das waren mein Knecht und meine Magd, die miteinander geredet haben.“
„Da bin ich beruhigt“, sagte der Mann, „doch auf der zweiten Treppe lagen lauter Finger herum.“

Der Nachbar lachte: „Ihr habt nicht richtig hingesehen. Das waren Spargel.“
„Da bin ich beruhigt“, sagte der Mann, „aber auf der dritten Treppe lagen lauter Totenköpfe.“

Der Nachbar lachte noch mehr: „Wo habt ihr eure Augen? Was ihr gesehen habt, das waren Kohlköpfe.“
„Da bin ich beruhigt“, sagte der Mann, „denn auf der vierten Treppe lagen nur zwei Fische in der Pfanne. Doch durch das Schlüsselloch sah ich euch. Ihr saht ganz anders aus.“

Der Nachbar sprang aus dem Bett und rief: „Sah ich etwa so aus?“ Er hatte Hörner und rote Augen. So schnell er konnte, rannte der Mann die fünf Treppen hinunter. Die Fische hüpften aus der Pfanne und rannten hinter ihm her. Sie trieben ihn aus dem Haus. Dann verriegelten sie hinter ihm die Tür. Da hat der Mann nie wieder seinen Nachbarn besucht.

Margret Rettich

NIKOS LESETIPPS

Lies was!

Zum ganzen Kapitel

Fast jede Familie hat ein Märchenbuch zu Hause. Oft hat die Mutter noch eines, das sie schon von der Oma bekommen hat. Vergleiche diese alten Märchen mit den neu erzählten Märchen von Janosch. Welche gefallen dir besser?

In der Bücherei kannst du dir meist auch Bücher mit Märchen aus anderen Ländern ausleihen. Kommt dir da etwas bekannt vor?

Denk nach!

Zu Seite 36 und 37
Schlaraffenland

Im Schlaraffenland haben die Menschen alles was sie brauchen. Alle Wünsche sind oder werden erfüllt. Wäre es wirklich wünschenswert, wenn Menschen keine Wünsche mehr hätten? Wenn alle unsere Wünsche bereits erfüllt wären?

Spiel was!

Zu den Texten von Seite 42 und 43, Seite 44 und 45, Seite 46 und 47

Viele Texte dieses Kapitels lassen sich gut spielen:

- Zu der mazedonischen Monsterballade und dem einsamen Hemmed könnten in einem Kartontheater kleine Gespenster als Marionetten auftreten. Der Kopf ist eine Kugel. Um die Kugel wird ein Papiertaschentuch gebunden.

- Die Bremer Stadtmusikanten könnten Masken aus Karton haben. Einige Kinder machen die musikalischen Geräusche und andere Kinder sprechen den Text.
- Die Räubergeschichte kann gut als Schattenspiel aufgeführt werden. Der Text wird auf mehrere Erzähler verteilt und einige Kinder führen die Stäbe mit den Räuberfiguren.

Antworten auf die Fragen findest du in den Texten dieses Kapitels.

- ? Bei welchem Zauberspruch hört das Töpfchen auf zu kochen?
- ? Wie oft heißt es in einem Text: Ja plonga plonga plomm?
- S.40 Wer aß den Knödel auf?
- S.44 Wie hieß der dritte Räuber?
- S.46 Was reimt sich auf: LOMMEL EI KATETENWURM?
- ? Was weint wie ein kleines Kind?

Zu Seite 40

Ein Schock für Rumpelstilzchen

Die Geschichte von Marion und Christoph nennt man Schüttelmärchen, weil mehrere Märchen durcheinandergeschüttelt sind. Schreibe auch ein Schüttelmärchen. Vielleicht wollen dann die sieben Zwerge mit den vier Stadtmusikanten eine Fußballmannschaft gründen und Trainer wird König Drosselbart? Oder ... dir fällt bestimmt etwas Lustiges ein.

Zu Seite 38

Vom süßen Brei

Wollt ihr wissen wie ein süßer Brei schmeckt? Hier ist ein Rezept

Du brauchst:

1/2 l Wasser	*150 g Hirse*
3 cm Vanillestange	*100 g Sahne*
3 cm Zimtstange	*1 Essl. Honig*
1 Prise Salz	

- Fülle das Wasser (mit der Vanillestange, der Zimtstange und Salz) in einen großen Topf und bringe alles zum Kochen.
- Dann gibst du die Hirse hinein und lässt sie 10 Min. leicht kochen und bei kleiner Hitze 15 Min. quellen.
- Nimm den Topf vom Herd und rühre die Sahne und den Honig unter den Brei. Fertig!
  Dazu schmeckt Apfelkompott oder rotes Beerenobst sehr gut.

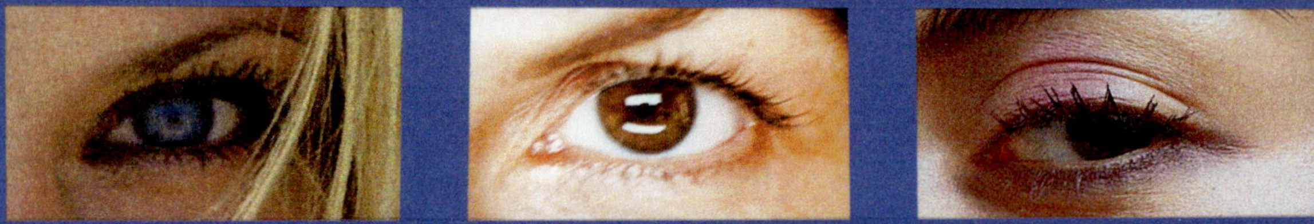

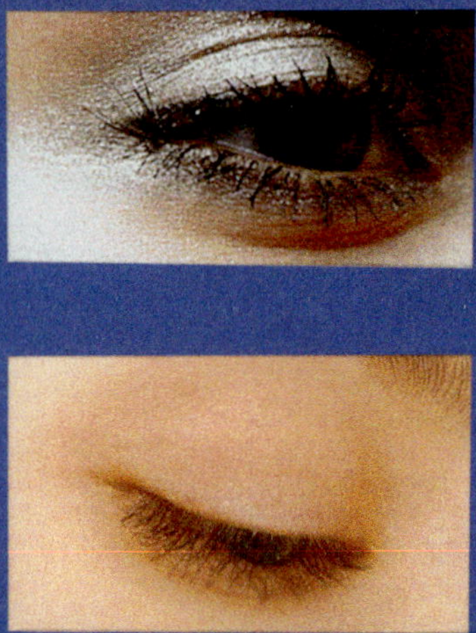

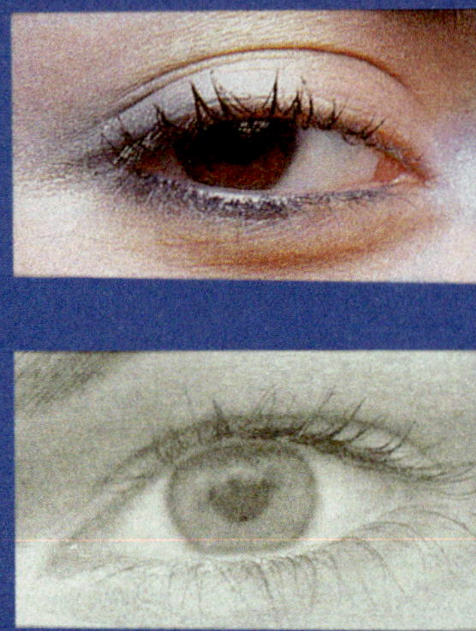

Reklame

Ich wollte von gar nichts
wissen.
Da habe ich eine Reklame
erblickt,
Die hat mich in die Augen
gezwickt
Und ins Gedächtnis
gebissen.

Joachim Ringelnatz

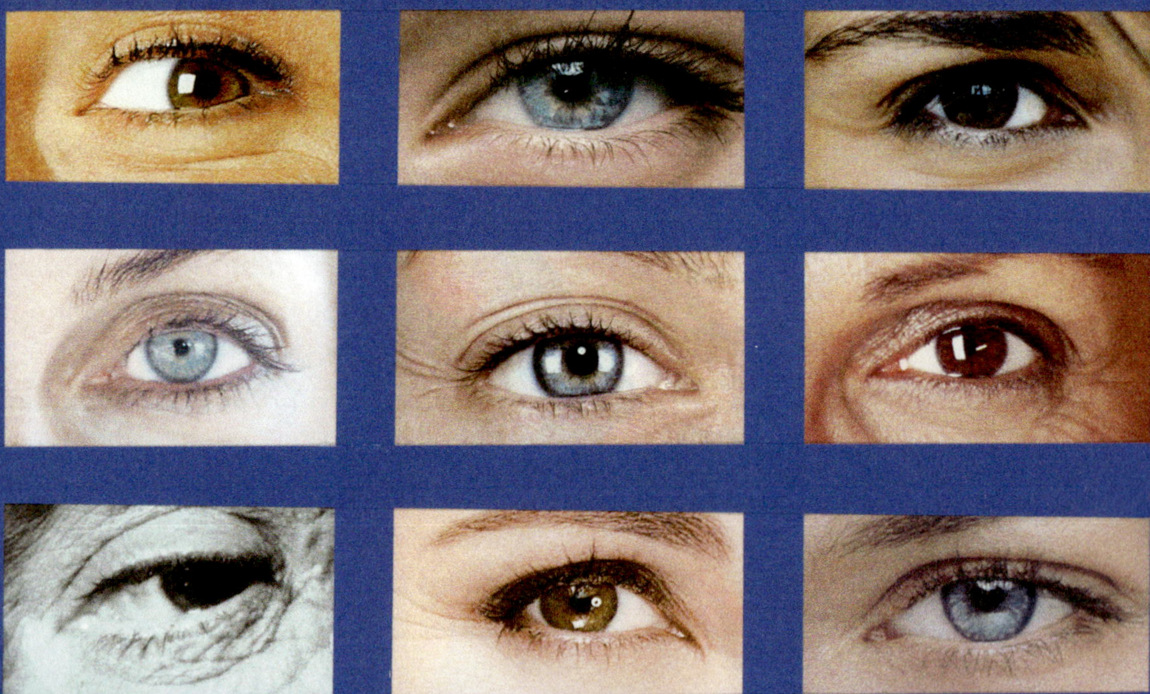

Werbeduell

Meine Damen und Herren!
Mit Blinki wird die Wäsche
weißer als weiß.

Pah!
Mit Blitzi wird sogar
die Buntwäsche weiß.

Aber
mit Blinki wird sie
durchsichtig.

Na wollen Sie durchsichtige Wäsche?
Ich nicht. Nehmen Sie lieber Blitzi,
da wird Ihre Wäsche so kuschelig
wie das Fell einer Katze.

Katze, das ist ein Stichwort.
Mit Blinki können Sie auch
Ihre Haustiere baden.
Blinki ist garantiert flohfeindlich.

Das Waschmittel macht sogar den Boden flauschig – man geht wie auf Wolken. Oder es ist so billig, dass man für den Kauf noch Geld bekommt. Oder es riecht nach Schokolade. Oder es ist garantiert biologisch – aus der Waschmaschine wachsen schon Blumen …

Gerald Jatzek

Lieblingsfilme

Erich Rauschenbach

Der TV-Karl

7. Januar

Bin komplett durcheinander! Habe bei mir im Zimmer ferngeschaut, habe vom ersten Programm, vom Tennis, aufs zweite geschaltet, da ist plötzlich eine Biene um meinen Kopf herumgeflogen.
Das Biest hat sich auf die Fernbedienung gesetzt, direkt neben meinen Daumen. Weil ich auf Bienengift allergisch bin, bin ich sehr erschrocken und habe die Fernbedienung weggeschleudert. Sie ist gegen die Wand gesaust, zu Boden gefallen und kaputtgegangen. Aber nur äußerlich.
Wie ich dann ausprobiert habe, ob die Fernbedienung auch ohne Deckplatte funktioniert, habe ich unten, wo sonst keine Tasten mehr sind, einen blauen Knopf entdeckt. Ohne mir viel zu denken habe ich den blauen Knopf gedrückt. Die Tennisspieler sind vom Bildschirm verschwunden, es hat geflimmert, dann ist ein Zimmer zu sehen gewesen. Mit einem Sofa darin. Darauf ist ein Mann gelegen, der hat in einem Buch gelesen.
„Gibt's ja nicht", habe ich gemurmelt.
Da hat der Mann auf dem Bildschirm das Buch zugeklappt und gesagt: „Ich bin der Karl". Und gleich darauf: „Ist doch netter, wenn fernsehen keine so einseitige Angelegenheit ist." Und dann: „Bin froh, dass du endlich den blauen Knopf gefunden hast."
Und schließlich: „Wenn du mich nicht haben willst, musst du bloß noch einmal drücken."
Ich war so fix und fertig, dass ich den blauen Knopf gedrückt habe. Wieder ohne viel zu denken. Es flimmerte, dann waren die Tennisspieler wieder da.

8. Januar

Vergangene Nacht, nach einem sehr wirren Traum, bin ich aufgewacht. So habe ich das Fernsehen aufgedreht. Jetzt oder nie, habe ich mir gedacht und habe den blauen Knopf gedrückt. Es flimmerte, dann war das Zimmer wieder da. Der Mann lag auf dem Sofa und schlief. Gern hätte ich mit ihm geredet, aber ihn aufzuwecken, wagte ich nicht.

9. Januar

Kontakt geglückt!
Habe stundenlang mit dem Karl geredet. War, als ob ich ihn schon ewig und immer kennen würde. Habe ihm versprochen, dass ich ihn geheim halte. Will ihn sowieso mit niemandem teilen! Der Karl ist einfach Spitze! Ein wirklicher Glücksfall für mich.

16. Februar

Seit fast fünf Wochen läuft er jetzt bei mir rund um die Uhr und ist immer voll für mich da. Alle Hausübungen sagte er mir völlig fehlerfrei an! Jede Menge „sehr gut" hat er mir schon eingebracht. Das Schönste am Karl ist aber, dass ich mit ihm einfach über alles reden kann. Nur darüber, wieso es ihn überhaupt gibt, will er nichts sagen. Aber Hauptsache es gibt ihn!
„Genau", hat er gerade gesagt. Er schaut mir nämlich beim Schreiben über die Schulter.

7. März

Immer, wenn ich den Karl frage, wieso es ihn eigentlich gibt, macht er auf Bildstörung. Und wenn ich nicht locker lasse, passiert ein totaler Bildausfall.

7. April

Gerade wollte der Karl von mir wissen, wieso ich eigentlich keine Freunde habe. Ich habe es ihm nicht erklären können. Ich bin einfach kein beliebtes Kind. Der Karl meint, das rede ich mir bloß ein.

20. April

Der Karl hat heute gemeint, dass ich ihn viel zu oft anknipse, ich soll lieber im Park Rad fahren und mir die Frühlingssonne auf die Nase scheinen lassen. Oder ins Schwimmbad gehen und Rückenkraulen trainieren.

30. April

Der Fernsehapparat meiner Eltern ist kaputt! Meine Mutter hat meinen einfach ins Wohnzimmer hinübergeschoben. Und sich darüber aufgeregt, dass meine Fernbedienung keinen Deckel mehr hat. Ich habe gezittert, dass sie den blauen Knopf entdeckt. Hat sie gottlob nicht.

Christine Nöstlinger

Wie kommt LOGO! auf den Bildschirm?

Interview mit der Redakteurin einer Kinder-Nachrichten-Sendung

16.25	**fabrixx (ab 10)**	78-676-527
TIPP	Folge 100: Indisch am Abend	
16.50	**logo! (ab 8)** News	67-530-443
17.00	**Pengo!... (ab 7)**	52-627-172
17.25	**Rocket Power (ab 6)**	50-572-207

Woher wissen Sie, was Kinder interessiert?

Wir fragen immer wieder nach, über welche Themen Kinder sprechen und was sie interessiert. Bei Besuchen, auf Online-Seiten oder am Zuschauer-Telefon können uns Kinder alles sagen, was sie bei uns sehen möchten.

Welche Personen bereiten die Sendung vor?

Morgens, in der täglichen Redaktionssitzung wird die Sendung geplant. Alle Mitarbeiter, das sind Redakteure, Moderatoren und Kameraleute, bereiten die Sendung vor.

Sind auch Kinder beteiligt bei der Vorbereitung einer Sendung?

An der Nachrichten-Sendung sind Kinder nicht direkt beteiligt. Wir fragen aber bei Kindern nach Meinungen zu bestimmten Themen oder berichten von Aktionen, die Kinder gestartet haben.

Wie lange bereiten Sie diese Sendung vor?

An einer Sendung von 10 Minuten arbeiten wir den ganzen Tag. Nach jeder Sendung besprechen wir noch, was gut oder auch nicht gut gewesen ist.

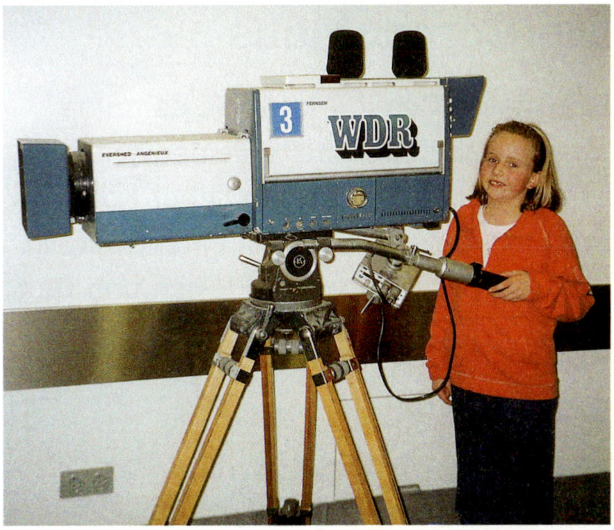

Wie viele Leute arbeiten an einer Sendung?
Etwa 12 Leute arbeiten an einer Sendung, im Fernsehen sieht man aber nur einen, die Moderatorin oder den Moderator.

Was ist die Aufgabe eines Redakteurs?
Meistens arbeiten mehrere Redakteure zusammen. Sie lesen die Agenturmeldungen im Computer und formulieren die Nachrichten dann so um, dass Kinder sie verstehen können. Da nicht alles in den Nachrichtenagenturen steht, muss ein Redakteur auch noch mal etwas nachlesen oder bei Experten nachfragen. Das nennt man Recherche. Sie kümmern sich darum, welche neuen Fernsehbilder es zu dieser Neuigkeit gibt und ob noch zusätzlich eine gezeichnete Grafik gebraucht wird. Ein Grafiker zeichnet dann an einem modernen Zeichencomputer z. B. Comic-Bilder. Andere Redakteure gehen mit einem Kamerateam nach draußen, um einen Beitrag zu drehen. Anschließend schneiden sie die Bilder zusammen mit einem Cutter und sprechen im Tonstudio den passenden Text dazu.

Sind Sie live bei Ihrer Sendung dabei?
Die Sendung wird von einem Redakteur oder einer Redakteurin vom Regie-Raum aus betreut. Das ist der Raum, in dem die ganzen technischen Geräte für die Sendung stehen. Alle anderen sitzen in der Redaktion vor dem Fernseher und schauen sich die Sendung gemeinsam an.

Was müssen Kinder tun, um in eine Kindersendung eingeladen zu werden?
Es gibt Kindersendungen, die Kinder als Zuschauer oder sogar als Teilnehmer einladen. Bei solchen Sendungen könnt ihr euch bewerben, auch über das Internet.

Verena Ebringhoff

Die Comic-Maus

Eine kleine Comic-Maus, die es müde war, zwischen den Seiten einer Zeitung zu leben und statt Papier lieber Käse fressen wollte, sprang mit einem Satz in die Welt der Mäuse aus Fleisch und Blut.

rief sie sofort, da es nach Katze roch.

wisperten die anderen Mäuse, die das merkwürdige Wort einschüchterte. „Sploom, bang, gulp!“, sagte die kleine Maus, die nur die Comic-Sprache konnte. „Das muss Türkisch sein“, sagte eine alte Schiffsmaus, die vor ihrer Pensionierung im Mittelmeer gedient hatte. Und sie versuchte, die kleine Maus auf türkisch anzureden.

Die sah sie verwundert an und sagte:

sagte die alte Seemannsmaus.
„Was ist es dann?“
„Weißderteufel.“ Da nannten sie die kleine Maus Weißderteufel und behielten sie als eine Art Dorftrottel bei sich.
„Weißderteufel“, fragten sie, „was schmeckt dir besser, Parmesan oder Emmentaler?“

antwortete die Comic-Maus.
„Gute Nacht“, lachten die anderen.
Die Kleinsten zogen sie dann absichtlich am Schwanz, um sie auf ihre komische Weise schimpfen zu hören: „Zong, splash, squarr!“

Einmal gingen sie zum Jagen in eine Mühle, wo lauter Säcke mit weißem und gelbem Mehl standen. Die Mäuse versenkten ihre Zähne in dieses Manna und kauten im Akkord, sie machten „krik, krik, krik" wie alle Mäuse beim Kauen. Aber die Comic-Maus machte:

schimpfte die Schiffsmaus.
„Wenn wir auf einem Schiff wären, wärest du schon längst ins Meer geworfen worden, merkst du eigentlich nicht, dass du ein unappetitliches Geräusch machst?"

sagte die Comic-Maus und tauchte wieder in einem Maissack unter.
Da gab die Schiffsmaus den anderen ein Zeichen und sie machten sich heimlich davon, um die ausländische Maus ihrem Schicksal zu überlassen, denn sie waren überzeugt, dass sie nie den Heimweg finden würde.

Eine Weile kaute die kleine Maus weiter. Als sie endlich bemerkte, dass alle weg waren, war es schon zu dunkel um den Weg zu suchen und so beschloss sie die Nacht in der Mühle zu verbringen. Sie schlief gerade ein, als sie plötzlich in der Dunkelheit zwei gelbe Scheinwerfer aufleuchten sah und auf leisen Pfoten einen gefährlichen Jäger heranschleichen hörte. Eine Katze!

sagte die kleine Maus schaudernd.

antwortete die Katze. Gott im Himmel, es war eine Comic-Katze! Der Clan der echten Katzen hatte sie weggejagt, weil sie nicht miau machen konnte, wie es sich gehört.
Die beiden Ausgestoßenen umarmten sich, schworen sich ewige Freundschaft und unterhielten sich die ganze Nacht hindurch in der seltsamen Sprache der Comics. Sie verstanden einander wunderbar.

Gianni Rodari

Katzensprung

Die Ärztin gipste Björns rechten Arm ein. Zwei Finger waren gebrochen. Björn sah sich seine eingegipste Hand an.
„Jetzt darf ich meine Hausaufgaben bestimmt am Computer machen."
Zu Hause setzte sich Björn sofort an den Computer um den Aufsatz mit der linken Hand zu tippen. Die Überschrift hieß: „Als ich einmal ganz fiel Glück hatte."
Björn blickte das **f** an und löschte es. Dann tippte er ein **v** ein.
So: „Als ich einmal ganz viel Glück hatte."
Eigentlich wollte Björn einen Aufsatz über seinen letzten Kirmesbesuch schreiben. Er hatte mit einem Los den Hauptgewinn gezogen. Einen riesigen Löwen.
Jetzt schrieb Björn einen Aufsatz über einen Fahrradunfall, bei dem er sich zwei Finger gebrochen hatte. Das war zwar noch kein Glück. Aber wenn man bedachte, dass er von nun an seine Hausaufgaben am Computer schreiben durfte …
Vielleicht gefiel es ja seiner Lehrerin. Vielleicht würde er in Zukunft immer alles am Computer schreiben …
Björn machte die Geschichte extra spannend. Zuerst schrieb er über seinen doofen Füller. Dann über sein Fahrrad, in dem jetzt leider eine Acht war. Es wurde der längste Aufsatz seines Lebens. Siebenhundertsiebenundsiebzig Wörter. Dreitausendzweihundertfünfunddreißig Buchstaben. Kurz: ganze vier Seiten.
Björns Kater Kalle lag die ganze Zeit neben Björns rechtem Arm und guckte auf den Bildschirm. Er fand es aufregend, wenn plötzlich aus dem Nichts Buchstaben erschienen. Er hatte nur mitgekriegt, dass eine Maus dabei eine Rolle spielte. Doch gesehen hatte er sie nie.
Stolz zeigte Björn auf seine Geschichte. „Na, Kalle, wie findest du das? Mein bester Aufsatz. Das gibt eine Eins. Wetten wir? Die erste Eins meines Lebens."
Kalle schnurrte. Dann, als Björn gerade auf „Speichern" drücken wollte, glaubte Kalle die Maus zu sehen. Er sprang hoch. Mit allen vier Pfoten landete er auf der Tastatur. „Nein", schrie Björn. Erschrocken hüpfte Kalle hoch und sprang noch einmal auf die Tasten.

Björn starrte fassungslos auf den Computer. Der Text auf dem Bildschirm verschwand. Kalle verkroch sich schuldbewusst in seiner Ecke.
Björn drückte **F 12** und **Drucken** und **F 9**. Dann **Zeige alles**.
Aber sein Aufsatz war weg. Alle siebenhundertsiebenundsiebzig Wörter. Alle dreitausendzweihundertfünfunddreißig Buchstaben. Die ganzen vier Seiten. Einfach weg. Björn hätte heulen können.

Klaus-Peter Wolf

Betthupferl

Die Mutter erzählte dem Kind im Bett:
„Es war einmal eine Maus,
die riss eines Tages einfach aus…“
Das Kind unterbrach sie erschrocken:
„Hoffentlich nicht unsere,
wie surfe ich sonst durchs Internet!“

Hans Manz

NIKOS LESETIPPS

Schreib was!

Zu Seite 60 und 61
Die Comic-Maus

- Es gibt viele Comic-Katzen, z. B. Mickey Mouse, Tom oder Garfield. Schaut sie euch in Comics genau an. Zeichnet und malt sie dann groß auf ein DIN A 4-Blatt und gebt ihnen eine typische Sprechblase.
- In Comics gibt es Wörter, die in der gesprochenen Sprache nicht vorkommen. Sie bedeuten oft Geräusche, wie z. B. ZOOOOONK!! oder QUOOOOSCH! Sucht solche Stellen, schreibt sie heraus und beschreibt, was sie bedeuten sollen.

Schlag nach!

Zu Seite 55 bis 57
Der TV-Karl

Anton hat Tagebuch geführt über seine Erlebnisse mit dem TV-Karl. Schlag bei den Lesedetektiven unter dem Stichwort Tagebuch nach und schaue dir dann genau an, wie Anton seine Gedanken aufgeschrieben hat.

Lies was!

Zur Seite 55 bis 57
Der TV-Karl

Sicherlich ist dir inzwischen der Name Christine Nöstlinger ein Begriff. Sie hat ein ganzes Buch mit den komischen Fantasiegeschichten vom TV-Karl geschrieben. Das Buch ist in den meisten Büchereien auszuleihen.

Übrigens: von Christine Nöstlinger gibt es eine ganze Reihe von Hörspielcassetten. Vielleicht kannst du dir auch davon eine ausleihen.

Mach was!

Zu Seite 52
Reklame

Weil die Werbung ins Auge zwickt, sind hier viele Augen aus der Werbung versammelt und schauen dich nun an. In Werbebildern findest du aber auch viele Münder. Du kannst daraus ein Bild kleben.

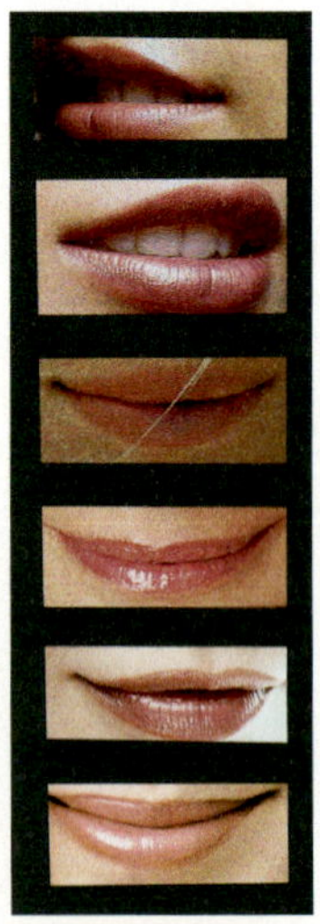

Such was!

Antworten auf die Fragen findest du in den Texten dieses Kapitels.

- S.53 Womit wird sogar die Buntwäsche weiß?
- ? Wer hat F 12 gedrückt?
- S.55 Welchen Knopf muss man drücken, damit der TV-Karl erscheint?
- ? Wie lange wird eine 10-minütige Nachrichtensendung für Kinder vorbereitet?
- ? Wer mag keine Sciencefiction-Filme?
- S.60 Wer wurde Weißderteufel genannt?

Mach was!

Zum Interview von Seite 58

- Befragt eure Mitschüler nach ihren Lieblingssendungen. Wertet die Ergebnisse aus.
- Schreibt einmal eine Fernsehkritik. Schickt sie dem entsprechenden Sender. Die Adressen der Sender erfahrt ihr meistens aus den Fernsehzeitschriften.
- Wenn ihr euch in den Fernsehzeitschriften nicht richtig informiert fühlt, schreibt einmal an die Zeitschriften-Redaktion.

Denk nach!

Zu Seite 52 bis 54

Werbung

Manche Leute finden Werbung lustig, andere finden sie lästig. Welche Meinung hast du zur Werbung?

Spiel was!

Zu Seite 53

Werbeduell

Das Werbeduell könnt ihr besonders gut spielen. Die beiden Sprecher können mit großen bunten Paketen auftreten, auf denen Blinki und Blitzi stehen. Während ihrer Werbung gehen sie um die Pakete herum, zeigen darauf, streicheln sie. Die Schlusssätze können verschiedene Kunden sprechen, die sich gegenseitig diese Verbrauchertipps geben. Bestimmt fallen euch aber auch eigene verrückte Werbesprüche ein.

August Macke, Farbige Formen I

Sieben Seelen

Ich will euch erzählen
von meinen sieben
Seelen.
Die erste ist fleißig,
die zweite ist faul,
die dritte will reden,
die vierte hält's Maul,
die fünfte ist feige,
die sechste hat Mut,
die siebente mahnt
sie:
Nun vertragt euch
mal gut!
Meine sieben Seelen
sind so verschieden
wie du und ich.
Und doch ergeben
sie
zusammen:
mich.

Roswitha Fröhlich

Innendrin

Langsam beschlägt der Spiegel. Ganz heiß und nass und rot vom Baden steht Dieter davor und betrachtet sein Spiegelbild. Die schmale Jungsbrust, den flachen Bauch, die zerschundenen Knie. Wie unförmig seine Füße direkt von vorne aussehn! – Blutkreislauf. Herz. Leber. Lunge. Niere. In einem dicken Medizinbuch hat er am hinteren Buchdeckel einen ausklappbaren Menschen entdeckt. Vom Hals bis zu den Beinen klappt die Haut weg und zeigt das Innendrin. Schön nach-neben-vor- und hintereinander, wie es im Körper zu sein hat. An Armen und Beinen sieht man die Adern, Muskeln und Knochen unter der Haut. Durch den Mund kann man in den Hals sehen. Und der ganze obere Kopf liegt offen, wenn man die Haare zurückschlägt, und zeigt das Innere der Ohren, die Augäpfel und das, was hinter ihnen ist.

Langsam streicht Dieter über seine herausstehenden Rippen. Wischt den Beschlag vom Spiegel und streicht dem Bild darin über die Brust. Er würde zu gerne sehen, ob in ihm auch alles so ist. Es muss wohl; denn sonst wäre er krank. Aber er kann es einfach nicht glauben, würde sich auch gerne so aufklappen wie den Papiermenschen. Es wäre sowieso viel besser, wenn er vom Hals bis zu den Beinen einen Reißverschluss hätte. Den könnte er einfach aufziehn und sich innendrin begucken.

Ich bin eingeschweißt in meine Haut wie die Salatgurken, denkt Dieter. Je länger er sich betrachtet, kommt es ihm immer unwahrscheinlicher vor, dass unter dieser glatten Oberfläche Sehnen, Muskeln, Eingeweide liegen. Warum gerät nichts in Unordnung, wenn er einen Kopfstand macht? – Beim Rennen, Runterspringen und so weiter müsste innendrin doch einfach alles durcheinander fliegen?

Dieter greift nach dem Handtuch und rubbelt sich trocken. Wie wunderbar ist es doch eingerichtet, dass überall die Haut ist. Und wie wäre das erst, wenn er beim Essen kauen, schlucken würde und dann sagen müsste: „Speiseröhre, los, schick den Kram zum Magen!“ Und dem Magen: „Vorwärts. Jetzt verdaue. Aber ordentlich. Behalte das, was für mich wichtig ist, und den Rest schick in die Därme!“

Und den Därmen dann: „Na, schneller. Es wird langsam Zeit, dass ich aufs Klo gehe, schneller!“

Er müsste dem Blut befehlen: „Fließe!“ Der Lunge: „Atme!“ Dem Herzen: „Klopfe!“ Bestimmt würde er die Hälfte vergessen. Und dann …
Es ist gut so, dass alles von selbst geht. Sein Blut fließt. Er atmet. Sein Herz klopft. Langsam zieht Dieter sich an. Er zieht nicht nur sich an, sondern noch einen zweiten, so scheint ihm, der in ihm drin ist. Den er nicht kennt, von dem er nichts weiß, der aber macht, dass er lebt.

Susanne Kilian

Im Krankenbett

Ich liege im Bett und schwitze,
auf den Wänden liegt der Schnee.

Meine Augen sind kalt und leer
und bis ins Herz hinein weh.

Auf einmal sprechen die Blumen
mit mir und grüßen mich.

Die Wiese kommt mich besuchen,
die kleinsten Blüten öffnen sich.

Günter Ullmann

Der Sprung

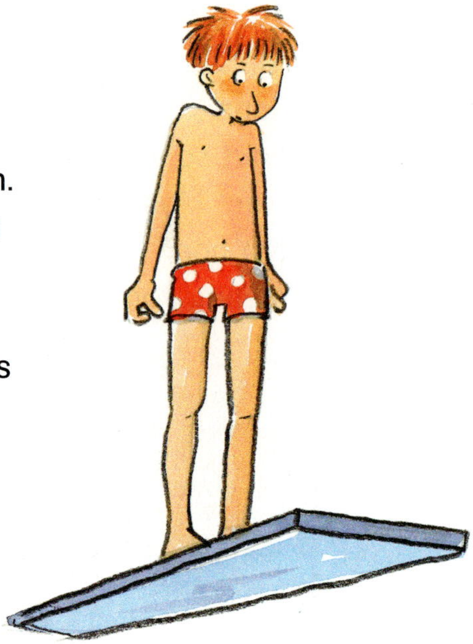

Der Wecker klingelt. Hannes zieht sich das Kissen über den Kopf. Er hat keine Lust aufzustehen. Schön wär's, wenn er jetzt krank wäre. Er horcht in sich hinein. Aber er hat weder Fieber noch Kopfschmerzen. Nur im Bauch rumort und kribbelt es ein bisschen.
Schließlich springt Hannes doch aus dem Bett. Er ist allein im Haus. Wie jeden Tag. Seine Eltern sind bereits auf der Arbeit. Hannes duscht kalt. Er schrubbt die Zähne, schlüpft in seine Klamotten. Im Stehen trinkt er auf einen Zug ein Glas Milch leer. Dann schultert er den Ranzen und macht sich auf den Schulweg.
Er pfeift: „Eine Seefahrt, die ist lustig ..."
In der Schule ist die Klasse bereits auf dem Pausenhof versammelt. Hannes wird mit Geschrei empfangen.
„Ruhe!", ruft Frau Söller, die Sportlehrerin. „Wir sind jetzt vollzählig. Also Abmarsch zum Hallenbad."
Mit einem Mal ist das Bauchbrummen wieder da. Hannes geht an der Spitze der Klasse. Seine Freundin Susen geht neben ihm. Sie sagt: „Heute zeigst du es allen. Du legst ihnen einen feinen Sprung hin."
„Aber klar", sagt Hannes. „Das wird ein Weltklassesprung." Hannes Schritte werden immer langsamer und kürzer. Als sie an der Schwimmhalle ankommen, geht er am Schluss der Klasse. Und im Umkleideraum ist er der Letzte, der seine Badehose anzieht. Sein Bauch brummt nun wie ein hungriger Bär. Frau Söller lässt die Mädchen und Jungen am Schwimmbecken in Reih und Glied antreten. Sie wirft einen Ball ins Wasser und ruft: „Zuerst spielen wir uns warm. Dann üben wir den Kopfsprung."
„Und Hannes führt uns seinen Kopfsprung vom Dreimeterbrett vor!", ruft Susen. Mit lautem Geschrei springen die Mädchen und Jungen vom Beckenrand ins Wasser. Sie lachen und toben. Und jagen dem Ball hinterher.
Hannes ist ganz elend zumute. Die Schweißtropfen stehen ihm auf der Stirn.
Er sieht zum Sprungturm hoch. Ganz oben ist das Dreimeterbrett. Hannes versucht sich zu beruhigen. So hoch sieht das gar nicht aus, denkt er. Das schaffst du doch. Kein Problem.

Frau Söller ruft die Mädchen und Jungen aus dem Wasser. „Jetzt ist Hannes dran", sagt Susen. „Er wird uns als Erster seinen Sprung vom Dreimeterbrett vorführen."
„Hannes, bist du wirklich schon so oft von da oben gesprungen?", fragt Frau Söller besorgt.
„Hundertmal. Mindestens", antwortet Susen für Hannes. „Er kann das einwandfrei." Blödes Weib, denkt Hannes. Sie ist schuld, dass er irgendwann einmal vor allen behauptet hat: „So ein Sprung ist kinderleicht." Nur weil Susen immer angeben will. Überall will sie auffallen. Sie sagt, ihr Freund muss ein toller Mann sein. Einer wie Batman.
„Nun gut, dann zeig uns den Sprung", sagt Frau Söller. Sie springt selber ins Wasser und schwimmt zum Sprungturm hin um bei einem Unfall sofort eingreifen zu können.
Unter den anfeuernden Rufen der Klasse steigt Hannes die ersten Stufen des Sprungturmes hinauf.
Das geht doch ganz gut, denkt er. Zwischendurch verweilt er einen kurzen Moment. Das Bauchbrummen wird stärker. Und der Hals wird eng und trocken.
„Höher", schreit es von unten im Chor.
Jede Stufe fällt Hannes jetzt schwer.
Endlich steht er ganz oben. Er will den Sprung schnell hinter sich bringen. Aber dazu muss er nach unten schauen.
Mann, ist das tief! Das Schwimmbecken wirkt, als wäre es nur so groß wie ein Planschbecken und Frau Söller ist nur ein kleiner Punkt.
Hannes klammert sich an das Geländer. Seine Hände sind feucht, die Knie weich. Sein Kopf scheint zu glühen.
„Spring!", schallt es herauf. „Springen!!!"
Langsam lässt Hannes das Geländer los. Er tritt an den Rand des Turmes. Dort bleibt er stehen.

So lange bis er ganz ruhig wird. Bis das Bauchbrummen verschwindet. Und sein Kopf wieder frei wird, dass er denken kann.
Unten ist es ganz still geworden. Alle erwarten den Sprung. Aber da tritt Hannes vom Rand des Sprungturmes zurück. Langsam steigt er die Stufen hinunter.
Und dann steht er vor der Klasse. Er sieht den Jungen und Mädchen in die Augen. „Warum bist du nicht gesprungen, Mensch?“, ruft Susen enttäuscht. „Das ist aber eine schwache Leistung!“
Die anderen beginnen zu lachen. Worte wie „Angeber“ und „Feigling“ sind zu hören. Da nimmt Hannes all seinen Mut zusammen. Es ist, als müsste er doch noch vom Dreimeterturm springen. Nur viel schwerer ist es.
Er sagt: „Ich … hatte einfach Angst.“
Alle schweigen. Auch Frau Söller. Aber dann lächelt sie ihm aufmunternd zu. Hannes sieht, wie Susen sich von ihm abwendet. Sie stellt sich neben Jens. Das gibt Hannes einen Stich in die Brust. Und doch fühlt er sich gut. Endlich kann er tief durchatmen. Er stößt Frau Söller den Ball aus der Hand. Der Ball fällt ins Wasser. „Jippiheijeee!“
Hannes springt vom Beckenrand dem Ball hinterher, dass das Wasser nur so spritzt.

Gunter Preuss

Mit mir nicht!

Am Weg durch den Park steht ein blaues Schild
und darauf, in Weiß gemalt, ist ein Bild
von einem Kind an der Hand einer Frau,
von hinten gemalt, das sieht man genau.

Neulich im Park spricht ein fremder Mann
mich vor diesem Schild ganz plötzlich an.
„Komm, Kleine. Auf diesem Schild kannst du sehen,
dass Kinder hier nur mit Erwachsenen gehen."

„Von wegen! Das Schild zeigt den Fußweg an.
Und mit Ihnen gehen? Ich denke nicht dran.
Dort drüben, da warten die Eltern auf mich."
Er schaut in die Richtung und weg bin ich.

Kann sein, er hatte nichts Böses im Sinn.
Kann sein, dass ich zu misstrauisch bin.
Aber wenn einer so mit mir spricht,
dann zeig ich ihm deutlich: Nein, mit mir nicht!

Irmela Brender

Der Rollstuhl

Michaela sollte in die Schule kommen.
„Vorher musst du aber lernen, alleine mit deinem Rollstuhl zu fahren“, sagte die Mutter.
Michaela wollte nicht. Weil sie den Rollstuhl hasste. Weil sie gehen wollte, auf ihren Beinen stehen. Oder wenigstens ihr Wägelchen wiederhaben. Darin war sie immer gefahren worden, seit sie nicht mehr laufen konnte. Jetzt wurde sie in den Rollstuhl gesetzt und sollte sich auch noch selber schieben! Nein, sie wollte nicht.
Da wurde sie verschickt: in ein Heim für behinderte Kinder. Sie sollte sich erholen, sechs Wochen lang, sagten die Eltern. Und sie sollte andere behinderte Kinder kennen lernen. Kinder, die auch im Rollstuhl saßen und sich selber fuhren.
Drei Wochen lang weinte sie jede Nacht, wollte nichts essen und wurde noch dünner als sie schon war. Wenn die Betreuer sie in ihren Rollstuhl setzten, schloss sie die Hände zu Fäusten und rührte sich nicht vom Fleck.
Sie dachte an ihr Sportwägelchen, das plötzlich verschwunden war.
An seiner Stelle hatte eines Tages der Rollstuhl gestanden. „Du bist jetzt wirklich groß genug“, hatten sie gesagt. Aber Michaela wollte nicht.
Der Rollstuhl machte alles so deutlich!
Die Zeit im Heim kroch wie eine Schnecke.
Einmal machte die ganze Gruppe einen Ausflug. Wer es schaffte, fuhr alleine in seinem Rollstuhl. Manche hatten einen kleinen Motor. Michaela ließ sich schieben. Sie wäre lieber im Heim geblieben. Aber sie musste mit.

Sie fuhren auf einer asphaltierten Landstraße und waren schon weit weg vom Ort. Da schütteten sich plötzlich schwarze Wolken aus. Im Nu stand die Straße unter Wasser. Alle versuchten schnell wegzukommen. Einer von den kleinsten Jungen rutschte wie auf einer Eisbahn mit seinem Rollstuhl an den Straßenrand und kippte die niedrige Böschung hinunter. Alle Betreuer eilten ihm sofort zu Hilfe. So stand Michaela plötzlich alleine da. Sie sah das Wasser, sah, wie die anderen mit ihren Rollstühlen flitzten und wurde von Angst gepackt. „Ich kann mich nicht retten!", schrie es in ihrem Kopf. Und ihre Hände griffen wie von selbst nach den metallenen Reifen vor den Rädern. Aber die standen wie festgewachsen. „Die Bremsen!", dachte Michaela. „Ich muss die Bremsen lösen!" Rechter Hebel, linker Hebel. Da fuhr der Rollstuhl. Michaela drehte die Reifen, so schnell sie konnte, rollte weiter und weiter, hinter den anderen her. Ganz allein, mit der Kraft ihrer Arme. Eine der Betreuerinnen holte sie ein und fasste die Griffe des Rollstuhls. „Ich kann!", schrie Michaela in den Platzregen hinein. „Ich kann alleine!", und fuhr ihr davon. Alle kamen pitschnass im Heim an. Das war ein Abenteuer!

„Besonders für dich!", sagte die Betreuerin zu Michaela. „Jetzt kannst du endlich laufen – auf Rädern. Das musst du deinen Eltern zeigen. Wenn du willst, können sie dich Sonntag besuchen."

Michaela drehte ihren Rollstuhl um die eigene Achse und fuhr los, als wollte sie nie mehr still stehen.

Die letzten drei Wochen im Heim waren wunderbar.

Und danach kam sie in die Schule.

Margaret Klare

Ich bin so

Ich bin so
so traurig,
dass mir der Kopf
fast vom Hals fällt,
dass das Dach
vom Haus fällt,
dass das Haus fällt.

Habe Füße wie
wie in viel zu großen Schuhn,
Hände wie
wie in viel zu großen Handschuhn.

Versteh nicht, was da
was gelacht wird ringsherum.
Ich bin so
wie ein Hund,
so traurig
wie ein Huhn,
ein gelbes Suppenhuhn,
ein altes Weißbrot,
ein Kuchen, der nicht aufgeht,
nie mehr auf.

Ich bin so
so traurig,
dass die Tränen nur so
an mir herunterlaufen,
immer nur so herunter,
dass das Hemd nass, die Hose nass,
das Haus nass.

Denn das hört
denn das hört nie mehr auf,
dass der Kopf mir fast vom Hals,
dass das Dach fällt,
dass das Haus.

Jürg Schubiger

Lachen

Ich feixe
ich griene
ich grinse
ich strahle
ich lächele
ich schmunzele
ich kichere
ich kickere
ich pruste
ich wiehere
ich kringele mich
ich lache auf
ich lache hohn
ich platze heraus
ich pruste los
ich lache Tränen
ich lache mich krank
ich krümme mich vor Lachen
ich platze vor Lachen
ich lache mich krumm und schief
ich lache mich scheckig
ich lache mich kaputt
ich lache mich kringelig
ich lache mir eins
ich lache mir einen Ast
ich lache mir ins Fäustchen
ich lache mich dumm und dämlich
ich lache aus vollem Halse
mir lacht das Herz im Leibe
ich bekomme Bauchschmerzen vor Lachen
dass ich nicht lache!
das wäre ja gelacht!
Wer zuletzt lacht, lacht am besten!
Hahahahaha!

Rosemarie Künzler-Behncke

NIKOS LESETIPPS

Zum Bild von Seite 66

Das Kapitel heißt „So fühl ich mich wohl!“. Am Anfang steht ein Bild mit hellen und warmen Farben.
Versuche auch mal mit Farben auszudrücken, wie du dich fühlst. Male keine Gegenstände, sondern nur Farben nebeneinander, die zeigen, ob du glücklich und fröhlich bist oder ob du dich traurig, allein und unglücklich fühlst.

Zu Seite 76

Ich bin so

In dem Text stammelt und schluchzt jemand seine ganze Traurigkeit heraus.
Was könnte passiert sein?
Wie könnte man jetzt helfen?

Zum Bild von Seite 66

Weil immer mehr Kinder Freude an Bildern von Künstlern haben, gibt es seit einigen Jahren auch Kunstbücher für Kinder. Die Bücher zeigen nicht nur die Bilder der Künstler, sondern machen auf Einzelheiten aufmerksam, helfen die Bilder zu lesen. Solche Bücher bekommst du in jeder guten Bücherei und zwar zu vielen Künstlern der Kunstgeschichte.

Zu Seite 74 und 75

Der Rollstuhl

Nachdem Michaela das Abenteuer mit dem Rollstuhl im Regen überstanden hatte, fühlte sie sich wohl, war stolz auf sich und hatte Selbstvertrauen.
Was kannst du besonders gut? Worauf kannst du stolz sein? Denk nach und schreibe es nur für dich selbst auf.

Such was!

Antworten auf die Fragen findest du in den Texten dieses Kapitels.

- ? Wie wirkt das Schwimmbecken vom Dreimeterbrett aus?
- S.76 Welche Farbe hat ein Suppenhuhn?
- S.71 Wer möchte einen Freund wie Batman haben?
- ? Wie waren die letzten drei Wochen im Heim?
- ? Was macht Dieter mit dem Handtuch?
- ? Was hat die sechste Seele?
- S.77 Wo hinein lacht jemand?

Mach was!

Zu Seite 73

Mit mir nicht!

Es ist richtig und nicht unhöflich, wenn du in einer solchen Situation auch sagst: „Mit mir nicht!“.
Hast du das schon erlebt?
Was hast du getan?
Erzähle es anderen Kindern.

Schlag nach!

Zu Seite 70 bis 72

Der Sprung

Wie fühlte sich Hannes an diesem Morgen und besonders auf dem Sprungbrett?
Schlag bei den Lese-detektiven nach, was du zum Stichwort Erzähler findest und erzähle dann die Geschichte aus Hannes Sicht.

Schreib was!

Zu Seite 77

Lachen

Welche dieser Redewendungen zum Lachen kennst du? Male dich selbst mit lachendem Gesicht. Schreibe dann rundherum alle Redewendungen, die du besonders schön findest.

Erfinden und ausprobieren

Jean Tinguely, Méta-Harmonie II

Erfindungen

Als der erste Mensch auf die Welt kam, fand er die Welt noch leer. Er ging herum, bis er müde war. Da fehlt doch etwas, dachte er, ein Dings, ein vierbeiniges, worauf man sitzen kann. Und er erfand den Stuhl. Er setzte sich und schaute in die Weite. Wonderful. Wunderbar. Aber irgendwie nicht wunderbar genug. Da fehlt doch etwas, dachte er, ein Dings, ein viereckiges, unter das man die Beine strecken, auf das man die Ellenbogen stützen kann. Und er erfand den Tisch. Er streckte seine Beine darunter, stützte seine Ellenbogen darauf und schaute in die Weite. Wonderful. Aus der Weite aber kam allmählich ein Wind und mit ihm zogen dunkle Wolken heran. Es begann zu regnen. Nicht wonderful. Da fehlt doch etwas, ein Dings mit einem Dings darauf, das einen vor Wind und Wasser schützt. Und er erfand das Haus. Er holte Stuhl und Tisch herein, setzte sich, streckte die Beine, stützte die Ellenbogen auf und schaute durchs Fenster in den Regen. Wonderful.

Hinter dem Regen sah er jetzt einen anderen Menschen. Er kam auf das Haus zu. Darf ich unterstehen?, fragte der andere Mensch. Please, sagte der erste. Bitte. Er zeigte dem anderen, was er alles erfunden hatte: den Stuhl zum Sitzen, den Tisch für die Beine und die Ellenbogen, das Haus mit den vier Wänden und dem Dach darüber gegen Wind und Wasser, die Tür zum Hineingehen, das Fenster zum Hinausschauen.

Als dann der andere Mensch alle Erfindungen gesehen, ausprobiert und gelobt hatte, fragte der erste: Und Sie, lieber Nachbar?

Der andere schwieg. Er getraute sich nicht zu sagen, dass er den Wind und den Regen erfunden hatte.

Jürg Schubiger

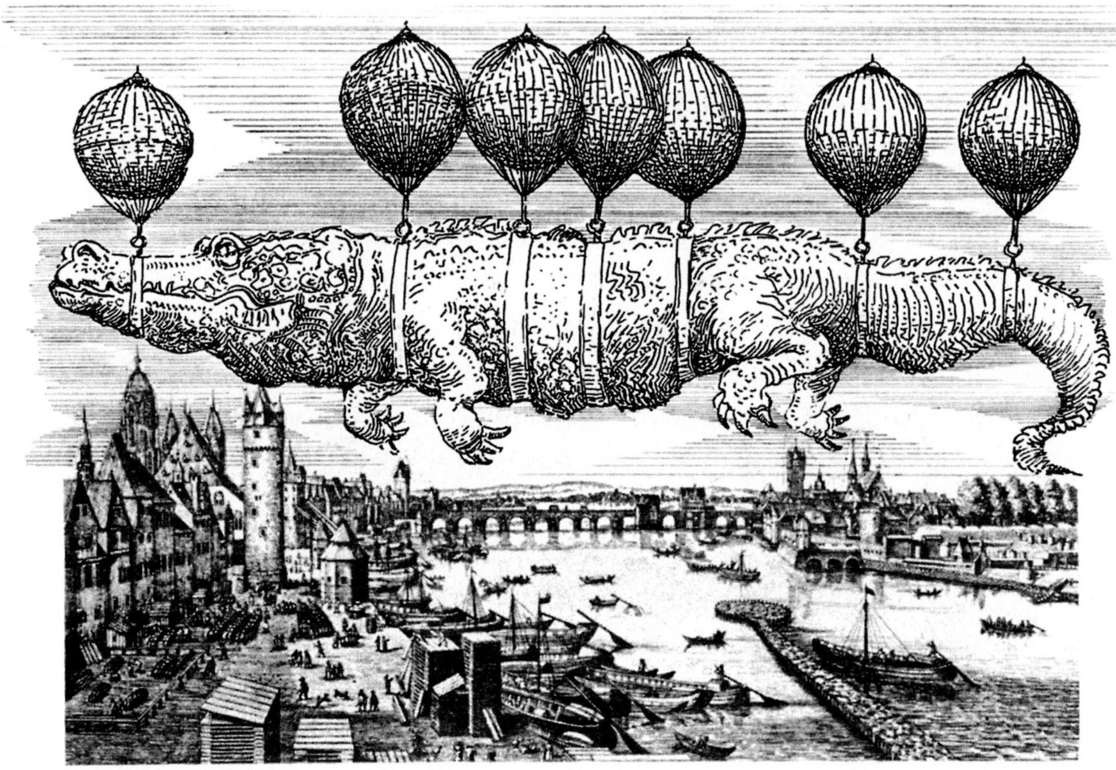

Krokodil über Frankfurt

Annodomini sechzehnhundertvier, am fünften Tag nach Johannis in der siebten Stunde des Tages, verdunkelt sich der Himmel (obwohl das Wetteramt kein Gewitter gemeldet hat). Die Feuerwehr hält sich bereit, aber es gibt nichts zu löschen. Es gibt nur etwas zu sehen und die Leute rennen auf die Straße (manche auch in die Häuser hinein). Von Südwesten her nähert sich mit mäßigem Wind ein unbekanntes Flugobjekt. Alle Glocken der Stadt läuten Sturm (dabei gehen zwei kaputt). „Eine fliegende Gurke!", rufen die Übermütigen. „Ein böses Vorzeichen!", meinen die Ängstlichen. „Sicher wieder so eine neumodische Sache aus Amerika!", sagen die Skeptischen. „Hurra!", freuen sich die Kinder (denn die Schule fällt aus).
Adam Fürchtegott Schnellbein, damals gerade elf geworden, möchte es genauer wissen. Er steigt auf die Domturmspitze, vorsichtshalber hat er sein Lasso dabei. Da sieht er es. Aha!

Dieter Brembs

Neugierig

Seine Eltern und seine Lehrer haben es nicht leicht mit Marcel. Er will immer alles ganz genau wissen. Und nichts ist vor ihm sicher.
Schon als Dreijähriger hat er am Heiligen Abend sein Froschklavier auseinandergebaut um zu sehen, wieso die Frösche ihre Mäuler aufsperren. Als er es wusste, stellte er das Klavier in die Ecke wie später noch so manches Spielzeug.
Mit vier hat er der singenden Puppe seiner Schwester in den Bauch geschaut. – Die Puppe hat nie wieder gesungen.
Mit fünf wollte er wissen, ob das Licht im Kühlschrank wirklich nicht mehr brennt, wenn die Tür zu ist. Dazu räumte er ihn völlig aus, setzte sich hinein und zog die Tür zu. Das hätte ihn beinahe das Leben gekostet. Seine Mutter hat ihn gerade noch rechtzeitig entdeckt.
Als er sechs war, musste man sämtliche Radios vor ihm verstecken, weil er unbedingt sehen wollte, wie da drin die Musik gemacht wird.
Zur Zeit hat es Marcel auf Uhren abgesehen. Nicht auf die modernen Digitaluhren; die findet er langweilig. Nein, so richtige alte Uhren mit Zeigern interessieren ihn. Zum Glück hängt im Esszimmer die uralte Wanduhr von der Großmutter. Und als eines Nachmittags außer ihm niemand in der Wohnung ist, nimmt Marcel sie ab und sieht sie sich genau an – natürlich von innen. Er ist so in seine Arbeit vertieft, dass er nicht einmal seinen Vater kommen hört. „Marcel!“, ruft der Vater entsetzt. „Das darf doch nicht wahr sein!“
Marcel schaut seinen Vater an. „Weißt du, welches Rädchen den großen Zeiger bewegt und welches den kleinen?“
„Das interessiert micht nicht!“
„Aber mich“, sagt Marcel. „Und jetzt weiß ich's.“

Manfred Mai

Eine umweltfreundliche Erfindung

Erich Rauschenbach

Die Sockensuchmaschine

Nicht weit von Jonas Elternhaus ist vor zwei Wochen ein neuer Nachbar eingezogen. Mit dem Mann hat noch keiner richtig geredet. Aber die ganze Nachbarschaft redet über den neuen Hausbewohner. Er ist fast immer in seinem Haus und geht selten auf die Straße. Seit heute hängt an seinem Gartentor ein Schild.

Auf dem Heimweg von der Schule bleibt Jonas lange vor dem Schild stehen. Er überlegt. Bei einem echten Erfinder muss ich mit allem rechnen, denkt Jonas, holt tief Luft und klingelt.
„Ja bitte, wer ist da?“ „Hier ist Jonas Faber. Ich möchte zu Herrn Professor Turbozahn, dem Erfinder.“
DING DA DU DONG erklingt eine Melodie aus dem Lautsprecher und das Gartentor schwingt wie von selbst auf. Jonas geht durch die Pforte.
DONG DU DA DING schließt sich das Gartentor. Ein Kiesweg führt direkt zum Haus. Jonas will die Haustürklinke niederdrücken, da tönt es DING DA DU DONG und die Tür öffnet sich wieder von selbst. Kaum steht Jonas im Flur, schließt sich auch die Haustüre.
DONG DU DA DING. Ein merkwürdiges Monstrum rollt mit einem surrenden Geräusch heran. Jonas weiß gleich: Das ist ein Roboter. Er ist ungefähr so groß wie Jonas. Der Bauch ist eine glänzende Kugel. Auf der Kugel blinken verschiedene Lichter auf, rote, grüne, blaue. Jonas zählt … elf, zwölf, dreizehn, vierzehn Roboterarme. Dort, wo eigentlich die Hände sein müssen, sitzen beim Roboter Taschenmesser, Zahnbürste, Kamm, Säge,

Schraubenzieher, Schraubenschlüssel, Bügeleisen, Mikroskop, Staubsauger, Suppenkelle, Gartenharke, Ventilator, Schere und Feuerzeug. Jonas sucht einen Kopf. Aber einen Kopf hat der Roboter nicht. Wozu auch? Er steht auf zwei Beinen, seine Füße sind Räder und Schwimmflossen. Jonas begutachtet staunend den Roboter und sagt: „Guten Tag."

Der Roboter antwortet singend:

Ein singender Roboter! Fast hätte Jonas laut gelacht. Aber bei einem Roboter weiß man ja nie. Darum sagt er nur: „Herrn Professor Turbozahn möchte ich gern sprechen."
Wieder antwortet der Roboter singend:

Tatsächlich. Professor Justus Turbozahn kommt wie gerufen die Treppe herunter. „Ach, Besuch“, sagt er freundlich.
„Soll ich etwas für dich erfinden? Vielleicht einen krähenden Wasserhahn? Oder einen silbernen Goldzahn?“ Jonas lacht und prustet: „Können Sie denn das?“ Herr Turbozahn antwortet: „Ich kann alles erfinden. Das Erfinden ist kein Problem. Ich weiß nur nicht mehr, was ich erfinden soll. Es ist doch schon alles erfunden worden, das ist das Problem.“
Justus Turbozahn führt Jonas in sein Erfinderzimmer.
Der Roboter surrt hinterher. „Womit kann ich dir helfen?
Und wie heißt du eigentlich?“ „Jonas.“ Der Roboter singt:

Jonas zeigt auf den Roboter und fragt: „Ist der immer so lustig?“ Der Professor nickt und antwortet: „Hab ihn so erfunden, damit mir nicht langweilig wird.“ Jonas sagt erstaunt: „Einem Erfinder wird doch nie langweilig!“ Der Professor zuckt mit den Achseln und sagt: „Aber wenn ich doch nicht weiß, was ich erfinden soll? Sieh mal, meine letzte Erfindung ist schon sechs Wochen alt. Außerdem taugt sie nichts.“
„Was haben Sie denn erfunden?“, will Jonas wissen.
„Einen Fernseher, der das Fernsehprogramm von morgen zeigt. Natürlich mit Spezialantenne. Aber wie gesagt, das Ding taugt nichts. Wenn man immer das Programm von morgen guckt, hat man keine Zeit, das Programm von heute zu gucken. Zu blöd.“
Jonas sagt zögernd: „Ich wüsste schon eine Erfindung, die ich gebrauchen könnte.“ „Da bin ich neugierig.“

Knister

Auf dem Patentamt

Spielanleitung: Auf der Bühne steht ein Schreibtisch. Im Hintergrund hängt ein Schild: Patentamt. Der 1. Mann sitzt am Schreibtisch und schreibt etwas.

Ansager: Wir befinden uns hier beim Patentamt. Wie ihr sicher alle wisst, kann man beim Patentamt neue Erfindungen anmelden. Dadurch kann man seine eigenen Erfindungen schützen, damit nicht jemand anderer, ohne zu fragen, die Erfindung benutzt, um damit Geld zu verdienen.

Es klopft

1. Mann: Herein.

2. Mann: *Betritt die Bühne. Er trägt unter dem Arm ein Paket.*
Guten Tag.

1. Mann: Guten Tag, der Herr, was wünschen Sie?

2. Mann: Ich bin doch hier richtig auf dem Patentamt?

1. Mann: Naja, nicht auf dem Patentamt, aber im Patentamt sind Sie hier richtig. Was kann ich für Sie tun?

2. Mann: Ich möchte meine geniale Erfindung zum Patent anmelden.

1. Mann: So, so, was haben Sie denn so Geniales erfunden, wenn ich fragen darf?

2. Mann: Eine Fliegenfalle.

1. Mann: *Lacht.*
Aber, mein Herr, Mittel gegen Fliegen gibt es doch schon genug.

2. Mann: Das mag ja alles sein. Aber meine Fliegenfalle ist etwas ganz Besonderes.

1. Mann: Na, dann lassen Sie Ihre besondere Fliegenfalle doch mal sehen. Sie haben sie doch sicherlich mitgebracht.

2. Mann: Aber natürlich habe ich meine Fliegenfalle mitgebracht. Glauben Sie vielleicht, die lasse ich auch nur eine Sekunde aus den Augen, solange sie nicht durch das Patentamt geschützt ist?

1. Mann: Ja, dann lassen Sie mal sehen.

2. Mann: *Stellt das Paket vorsichtig auf den Schreibtisch und packt es aus. Es wird ein Brett sichtbar, auf dem ein Wassereimer steht. Über dem Wassereimer führt eine Stange von einem Ende des Eimers zum anderen.*

Na, jetzt passen Sie mal genau auf, Ihnen werden gleich die Augen übergehen, bei dieser genialen Erfindung. Diese Fliegenfalle ist das tollste, das es seit Menschengedenken gegeben hat. Sehen Sie diese Stange hier.
Deutet auf die Stange.
Sie führt genau über den Eimer mit Wasser. Die Stange ist mit Honig und Schmierseife bestrichen. Durch den Geruch des Honigs wird die Fliege angelockt und setzt sich auf die Stange. Sie rutscht auf der Schmierseife aus und fällt in den Wassereimer. Jetzt gibt es genau zwei Möglichkeiten, entweder die Fliege kann nicht schwimmen, dann ertrinkt sie.

1. Mann: Und die zweite Möglichkeit?

2. Mann: Na, die zweite Möglichkeit wäre, die Fliege kann schwimmen. In dem Falle rettet sie sich hier auf diese Leiter, *zeigt auf die Leiter* die aus dem Wassereimer herausführt.

1. Mann: Ja, aber warum haben Sie denn die Leiter angebracht, wenn sich die Fliege darüber retten kann?

2. Mann: Ja, mein Herr, das ist ja der Trick. Ich habe die zweite Sprosse der Leiter heimlich angesägt.

– Vorhang –

Heinz Schmalenbach

Bekannte Erfinder

Im Jahre 1438 erfand Johann Gutenberg in Mainz den Buchdruck mit beweglichen Buchstaben. Diese konnte man zu Worten und Zeilen zusammensetzen. Sie konnten wieder für weitere Texte gebraucht werden. Zuerst druckte er eine Bibel. Mit seiner Erfindung konnte man Bücher schneller und billiger herstellen. Bald gab es deshalb auch Bücher nicht nur für reiche Leute, es gab auch Zeitungen und schließlich auch Bücher für Kinder.

Galileo Galilei (1564–1642) erfand das Thermometer und das Teleskop. Hiermit konnte er durch Beobachtung des Himmels beweisen, dass die Erde sich um die Sonne dreht und nicht umgekehrt. Dieses Wissen durfte er damals nicht laut verkünden, sonst wäre er auf dem Scheiterhaufen gelandet.

Bis in die ersten Jahre des letzten Jahrhunderts lebte Thomas Alva Edison (1847–1931). Er machte über 1000 Erfindungen. Am bekanntesten ist die Glühbirne. Sie wird noch heute so verwendet. Ebenso hat er zum Beispiel den Phonographen erfunden, der Tonaufnahmen abspielte. Dieses Gerät war der Vorläufer der Plattenspieler und heutigen CD-Player.

Karl Benz (1844–1929) erfand 1885 das erste Auto mit einem Benzinmotor. Drei Jahre später verkaufte er seine ersten Autos. Übrigens war seine Frau seine beste Testfahrerin, denn sie erprobte das Auto zum ersten Mal auf einer längeren Strecke.

Erfundene Erfinderinnen

Das ist
Pippi Pfiffig

Sie erfand die Hausaufgaben-Schreibmaschine, die immer Lust hat.

Das ist
Susi Schlaukopf

Sie erfand die Schultaschen-Packmaschine, die nichts vergisst.

Das ist
Hanna Hurtig

Sie erfand den Schulweg-Hubschrauber.

Das ist
Renate Rastlos

Sie erfand die Käfig-Reinigungsmaschine für ihren Meerschweinchenkäfig.

Das ist
Carla Clever

Sie erfand den Null-Fehler-Füller, der immer alles richtig schreibt.

Das ist
Tina Tadellos

Sie erfand die Fernglas-Brille. Damit kann sie noch aus 5 Meter Entfernung abgucken.

NIKOS LESETIPPS

Mach was!

Zu Seite 85 bis 87
Die Sockensuchmaschine

- Der Roboter von Professor Turbozahn gefällt dir sicher. Zeichne ihn. Oder besser: bastele ihn. Nimm dazu Kartons und Dosen und ganz viel Silberpapier oder Alufolie.
- Versuche in Sil - ben zu spre - chen wie der Ro - bo - ter und überlege dir auch einen lustigen Roboter-Reim.

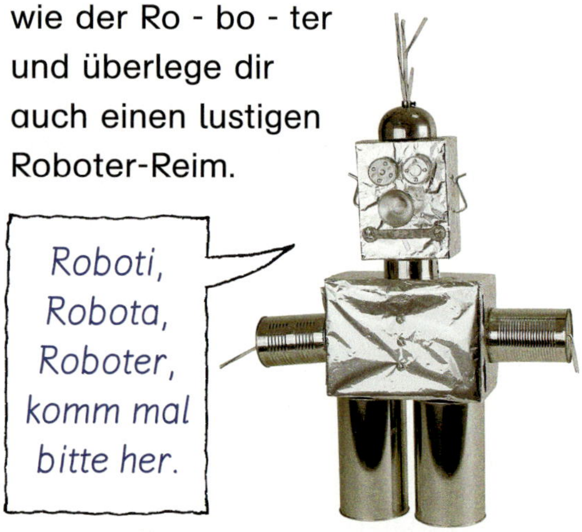

Denk nach!

Zu den Texten über Erfindungen und Erfinder

Warum erfinden Menschen etwas? Was ist für dich die wichtigste Erfindung bisher?

Lies was!

Zu Seite 85 bis 87
Die Sockensuchmaschine

Wenn du wissen willst, wie die Geschichte mit Jonas und Professor Turbozahn weitergeht, besorge dir das Buch: „Die Sockensuchmaschine" von Knister. Knister hat schon viele Bücher geschrieben. Fast alle sind lustig und spannend. Zum Beispiel auch die Bücher von Yoko oder der Hexe Lili. Übrigens: Knister hat eine ganz tolle Internet-Seite: www.knister.de

Spiel was!

Zu Seite 88 und 89
Auf dem Patentamt

Zu dem Spiel mit dem Erfinder der Fliegenfalle könnt ihr die Nachbarklasse einladen.
Der Spieler des Beamten sollte langsam und bedächtig sprechen. Der Erfinder könnte ein schnellsprechender kleiner Wirbelwind sein.
Vielleicht könnte noch ein zweiter Erfinder auftreten, der ebenfalls eine verrückte Erfindung gemacht hat.

Antworten auf die Fragen findest du in den Texten dieses Kapitels.

- S. 81 Was ist das Dings mit einem Dings drauf, das einen vor Wind und Wasser schützt?
- ? Wie alt war Adam Fürchtegott Schnellbein, als er das unbekannte Flugobjekt entdeckte?
- S. 83 Wer findet moderne Digitaluhren langweilig?
- ? Für welche Erfindung wird Schmierseife gebraucht?
- S. 90 Wer hat über 1000 Erfindungen gemacht?
- ? Wer hat vor über 500 Jahren schon einen Hubschrauber entworfen?

Zu Seite 91

Erfundene Erfinderinnen

Denke dir auch eine Erfindung aus, die du gerne hättest.
Male die Maschine. Beschreibe wie sie funktioniert und was sie bewirkt.

Zu den Texten über Erfindungen

In der Bücherei findest du bestimmt Sachbücher über Erfindungen. Vielleicht interessiert dich ja, wer den ersten Film gedreht hat oder wann der Farbfilm erfunden wurde.

Wie es früher war

Albert Anker, Dorfschule

Schulregeln aus der Zeit um 1900

Alle Schüler sitzen anständig, gerade, mit dem Rücken angelehnt in Reihen hintereinander.

Jedes Kind legt seine Hände geschlossen auf die Schultafel.

Die Füße werden parallel nebeneinander auf den Boden gestellt.

Sämtliche Kinder schauen dem Lehrer fest ins Auge.

Sprechen, Plaudern, Lachen, Flüstern, Hin- und herrücken, heimliches Lesen, neugieriges Umhergaffen dürfen nicht vorkommen.

Das Melden geschieht bescheiden mit dem Finger der rechten Hand. Dabei wird der Ellbogen des rechten Armes in die linke Hand gestützt.

Beim Antworten hat sich das Kind rasch zu erheben, gerade zu stehen, dem Lehrer fest ins Auge zu schauen und in vollständigen Sätzen rein und laut zu sprechen.

Bücher werden auf Kommando in drei Zeiten herauf- und hinweggetan. Auf ‚eins' erfassen die Kinder das unten liegende Buch, auf ‚zwei' heben sie das Buch über die Tafel, auf ‚drei' legen sie es geräuschlos auf die Schultafel nieder und richten den Blick wieder unverwandt und fest auf den Lehrer.

Karl Kehr

Kaum hundert Jahre ist es her

Laura ist hingerissen. Die Lehrerin hat sie für ihr gutes Verhalten gelobt und hat ihr ein Fleißkärtchen als Belohnung gegeben: „Wenn du bei unserem Lehrer wärst, würdest du schon sehen …“, murmelt etwas neidisch Vinzenz. „Der teilt nur Strafen aus. Und die Tatzenhiebe auf die Finger! Er sieht alles, hört alles … Du brauchst nur etwas zu schwatzen oder deine Lektion nicht gut zu können, schon musst du nachsitzen …“

Laura zuckt wegwerfend mit den Schultern. „Klar, für deine Sorgfalt bekommst du bestimmt keine Anerkennung“, spottet sie und schaut auf die mit Tinte verschmierten Finger ihres Bruders. Ah! diese lila Tinte … Man hat sie immer auf den Fingern und als Flecken auf Heft und Kittel. Etwas Schmutz in der Tinte, die schlecht abgetropfte Feder ungeschickt auf das Papier gedrückt, und schon haben wir die Bescherung! Vinzenz kann das nicht ausstehen! Seine Schwester weiß es nur zu gut …

Laura besucht nicht dieselbe Schule wie Vinzenz. Die Mädchen- und die Jungenschule sind getrennt. Jeden Morgen geht jeder für sich zu seinen Kameraden und freut sich, dass er noch etwas mit ihnen spielen kann, bevor er in den Klassenraum muss. Wenn die Pfeife ertönt, hören mit einem Schlag die Spiele und das Schreien auf. Schweigend reihen sich die Schüler zu zweit ein. Der Lehrer kontrolliert, ob sie schnurgerade in einer Linie stehen. Darauf begutachtet er die Sauber-keit der Hände, der Nägel und der Schuhe. Es ist schon ratsam, tadellos in Ordnung zu sein … Die Schmutzfinken werden hart getadelt, zum Brunnen geschickt und müssen auf die Pause verzichten.

Der Lehrer ist streng und unnachgiebig in der Arbeit und in der Disziplin.
Er ist nicht böse. Die Kinder betrachten ihn mit einer Mischung aus Furcht, Achtung und Bewunderung, denn er weiß so viele Dinge! Um zwölf gehen Laura und Vinzenz nach Hause zum Mittagessen. Die Bauernkinder haben es meist nicht so gut. Sie wohnen viel zu weit weg. Morgens gehen sie früh von zu Hause fort mit viel zu viel Proviant in ihren Tornistern, in die sie auch ihre Bücher, Hefte, Federkästen und Schiefertafeln stopfen. Wenn der Schultag zu Ende ist, hüten sie zu Hause das Vieh bis zum Eintritt der Dämmerung. Die Fleißigsten nehmen ihre Schulbücher mit. Doch unter diesen Bedingungen ist es schwer wirklich etwas zu lernen.
Es fällt den Kindern nicht leicht regelmäßig in die Schule zu gehen und der tägliche Gang bleibt ein Zwang. Jeder Anlass ist ihnen recht um nicht in die Schule gehen zu müssen. Im Winter sind es Regen, Frost oder Schnee. Im Sommer werden sie gebraucht um auf dem Feld zu arbeiten, zu heuen oder zu ernten.
Im Alter von elf bis zwölf Jahren verlässt ein Junge endgültig die Schule. Wenn sein Vater Bauer ist, arbeitet er von nun an mit ihm. Ist er der Sohn eines Tagelöhners, verdingt er sich als Knecht auf einem Hof oder fängt eine Lehre bei einem Handwerker an. Die Mädchen bleiben zu Hause, helfen der Mutter und sorgen für die jüngeren Geschwister, oder sie verlassen die Familie und nehmen eine Arbeit an als Magd oder Zimmermädchen.

Philippe Fix

Ein Besuch im Museum

Ein Mädchen mit einem gelben Sommerkleid hüpft auf einem Bein ins Bild hinein. Um das Gleichgewicht nicht zu verlieren, hat es die Arme ausgestreckt. Oder zieht es jemand an der Hand? Das Mädchen hat einen Hut mit einer roten Blume auf. Die Blume blüht in der Form einer Spirale. Das Mädchen hat einen roten Strichmund und lächelt nicht. Es sieht sehr ernst aus. Ein Auge des Kindes ist rund und das andere ein großes S in einem Rechteck. Oder ist es gar kein S, sondern ein umgekehrtes Fragezeichen? Neben dem Kopf des Mädchens sind noch andere rätselhafte Zeichen und ein lila Herz.
Spielt der stolze Hahn auch mit?
Was erblickt er am Rande der grünen Blumenwiese?

Dieses Bild hat Paul Klee im Jahr 1939 mit Kleister- und Aquarellfarben gemalt. Rechts oben hat er seinen Namen ins Bild geschrieben.

Paul Klee,
ein Kinderspiel,
1939, 385 A (5)
43 x 32 cm
Kleisterfarbe und
Aquarell auf Karton

Klee liebte die Zeichnungen von Kindern und erinnerte sich gern an seine eigene Kindheit. Wie leicht es ihm damals fiel zu träumen und zu spielen und dabei alles um sich herum zu vergessen. Als er erwachsen war, gelang ihm das nicht mehr so leicht! Aber irgendwann wird jedes Kind erwachsen.

Gabriele Struck

Alte Kinderreime und Spiele

Guten Tag, guten Tag, Frau Hopsassa,
was macht denn Frau von Trallala?
Ich dank, ich dank, ich danke schön,
ich werd mich gleich erkundgen gehen.

Ringel rangel Rosen,
schöne Aprikosen,
Veilchen blau, Vergißmeinnicht,
alle Kinder setzen sich.
Kikeriki!

Anna Maria Schlenkerbein
kommt die ganze Woch nicht heim.
Hat gesungen, hat gesprungen
mit dem schiefen Schusterjungen.

Gelb, gelb, gelb sind alle meine Kleider
Gelb, gelb, gelb ist alles was ich hab.
Darum lieb ich, alles was so gelb ist,
weil mein Schatz ein Zitronenpflücker ist.

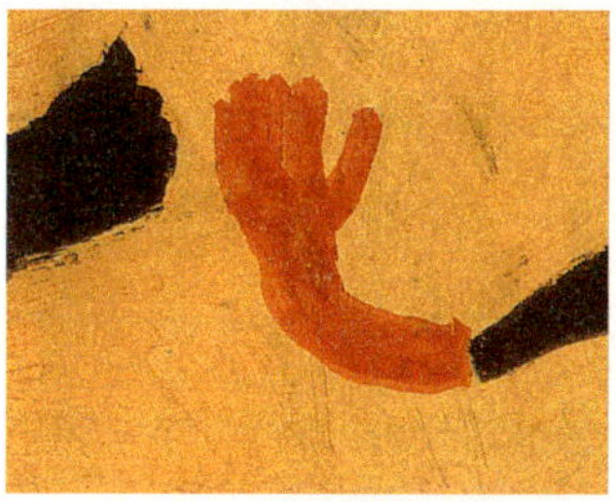

Itzen, ditzen, Silberschnitzen,
itzen, ditzen, drauß.
Drauß bist du noch lange nicht,
sag mir erst, wie alt du bist.

Ene mene minke tinke,
wade rade rollke tollke,
wiggel waggel weg.

Volksgut

Und vorher?

„Erzähl mir was von der Oma“, sagte Babsi.
„Die Oma ist tot“, sagte der Vater. „Das weißt du doch.“
„Aber vorher“, sagte Babsi.
„Vorher war sie eine alte Frau. Sie hat auf einem Stuhl in der Sonne gesessen. Und wenn es regnete, saß sie am Fenster.“
„Und vorher?“, fragte Babsi.
„Vorher hat der Opa noch gelebt. Da hat die Oma jeden Tag eingekauft. Sie haben ferngesehen und die Oma hat für den Opa seine Brille gesucht.“
„Und vorher?“, fragte Babsi.
„Vorher ist die Oma mit dem Opa öfter verreist. Und eines Tages hat ihr Sohn gesagt, dass er jetzt nicht mehr so früh nach Hause kommen will.“
„Und vorher?“, fragte Babsi.
„Vorher hat die Oma mich in die Schule gebracht. Ich bin ja ihr Sohn. Auf dem Rückweg hat sie sich ein Eis gekauft und hat es auf der Straße gegessen. Manchmal ist sie mit dem Opa ins Theater gegangen. Und hin und wieder haben sie gestritten.“

„Und vorher?“, fragte Babsi.
„Vorher ist die Oma eine Mutter geworden und sie war froh darüber.
Aber in dem Jahr hat sie zum ersten Mal nicht zum Karneval gehen können,
weil sie auf ihr Kind aufpassen musste.“
„Und vorher?“, fragte Babsi.
„Vorher hat die Oma den Opa geheiratet. Da haben sie sich oft lange
in die Augen gesehen. In den Nächten haben sie eng beieinander gelegen.“
„Und vorher?“, fragte Babsi.
„Vorher ist die Oma ein junges Mädchen gewesen, mit einer ganz glatten Haut.
Sie ist gerne mit dem Fahrrad gefahren. Einmal war sie in Wien.“
„Und vorher?“, fragte Babsi.
„Vorher war die Oma ein Kind. Sie hat einen Hund gehabt, der Jippi hieß.
Mit fünf ist sie in den Fluss gefallen und beinah ertrunken.
Am liebsten hat sie Perlen auf lange Fäden aufgezogen.“
„Und vorher?“, fragte Babsi.
„Vorher ist die Oma geboren worden“, sagte der Vater. „Sie ist aus dem Bauch
ihrer Mutter auf die Welt gekommen und war ein winzig kleines Kind.
Ja, und damit fing alles an.“

Gina Ruck-Pauquèt

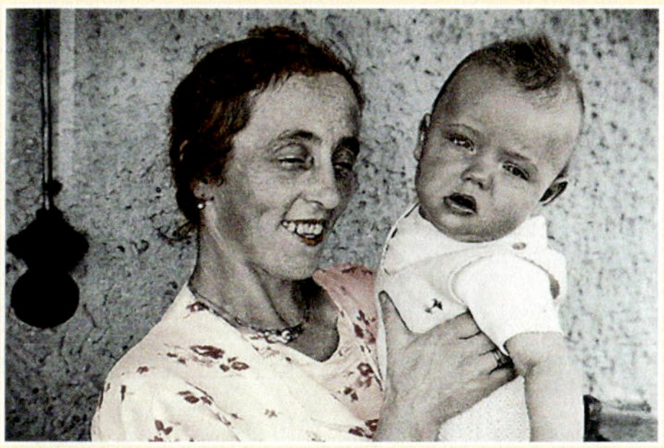

Der alte Großvater und der Enkel

Es war einmal ein steinalter Mann, dem waren die Augen trüb geworden, die Ohren taub und die Knie zitterten ihm. Wenn er nun bei Tische saß und den Löffel kaum halten konnte, schüttete er Suppe auf das Tischtuch und es floss ihm auch etwas wieder aus dem Mund. Sein Sohn und dessen Frau ekelten sich davor und deswegen musste sich der alte Großvater endlich hinter den Ofen in die Ecke setzen und sie gaben ihm sein Essen in ein irdenes Schlüsselchen und noch dazu nicht einmal satt; da sah er betrübt nach dem Tisch und die Augen wurden ihm nass. Einmal auch konnten seine zitterigen Hände das Schüsselchen nicht festhalten, es fiel zur Erde und zerbrach. Die junge Frau schalt, er sagte aber nichts und seufzte nur. Da kaufte sie ihm ein hölzernes Schüsselchen für ein paar Heller, daraus musste er nun essen. Wie sie da so sitzen, so trägt der kleine Enkel von vier Jahren auf der Erde kleine Brettlein zusammen. „Was machst du da?", fragte der Vater. „Ich mache ein Tröglein", antwortete das Kind, „daraus sollen Vater und Mutter essen, wenn ich groß bin." Da sahen sich Mann und Frau eine Weile an, fingen endlich an zu weinen, holten alsofort den alten Großvater an den Tisch und ließen ihn von nun an immer mitessen, sagten auch nichts, wenn er ein wenig verschüttete.

Brüder Grimm

Ein neuer Opa für Berra

Im Café des Altersheims saßen viele alte Leute.
Berra und ich nippten an unserem Kaffee und knabberten an den Zimtschnecken, die wir gekriegt hatten, und ich erzählte von meinem Opa und seinem Geburtstag. Plötzlich hob Onkel Nils Berra hoch und stellte ihn auf den Tisch. Er nahm einen Kaffeelöffel und klopfte damit an seine Kaffeetasse, bis alle ganz still wurden.
„Das hier ist mein Enkel!“, rief er stolz. „Er heißt Bertil und hat mir heute eine Ringelblume geschenkt.“
Bertil wurde so rot wie die Servietten auf dem Tisch. Und nachdem er vom Tisch runtergekraxelt war, kam eine Tante, die Tora hieß, um ihn sich genauer anzuschauen.
„Er sieht dir wirklich unglaublich ähnlich, Nils!“, sagte sie.
„Ja, wir haben ja beide ein Pflaster am Kinn“, sagte Berra.
Die Tante wollte ihm schon den Kopf tätscheln, als Onkel Nils sie mit dem Stock wegschubste. „Das ist mein Enkel!“, fuhr er sie an.
Als wir etwas später in Onkel Nils Zimmer zurückkamen, gab Berra ihm die Hand. „Also tschüs, Opa“, sagte er. „Hier gefällt’s mir!“
„Ich hab mich über deinen Besuch gefreut“, sagte Onkel Nils.
Als wir gingen, blieb er an der Tür stehen und blickte hinter uns her.
Plötzlich drehte sich Berra um. „Opa, ich hab was vergessen“, sagte er.
„Aha. Was denn?“
„Also, wenn man seinen Opa besucht, kriegt man eigentlich immer ein bisschen Geld von ihm. Ulf kriegt immer welches.“
„Und wie viel kriegt er denn?“

„Manchmal zwei Kronen“, sagte ich. „Und wenn es ein besonderer Tag ist, können es auch fünf werden.“

„Dann werden es heute bestimmt fünf sein“, sagte Onkel Nils und begann in seinen Taschen nach Geld zu suchen.

Berra war sehr zufrieden mit seinem neuen Opa. Auf dem ganzen Heimweg hüpfte er vor mir her und warf das Fünfkronenstück hoch in die Luft. Und am nächsten Tag wollte er wieder hin, obwohl es regnete und wir nasse Haare bekamen. Onkel Nils schien mit Berra ebenfalls zufrieden zu sein. Er rubbelte ihm lange die Haare trocken, als wir zu ihm kamen.

„Ich hab fast geglaubt, dass du bloß ein Traum bist“, sagte er.

Da zwickte Berra Onkel Nils ins Bein, damit er spürte, dass er wach war. Dann spielten wir Karten. Wir hörten dem Regen zu, der an die Fensterscheibe trommelte, und sahen das Foto von der Frau mit den großen Augen an.

„Das war meine Frau“, sagte Onkel Nils. „Soll ich euch jetzt zum Kaffee einladen?“

„Ich weiß nicht“, sagte Berra. „Ulfs Opa fährt immer mit ihm zu einem See und da angeln wir dann.“

„Aha“, seufzte Onkel Nils.

Er stellte das Foto von seiner Frau wieder zurück. Dann sah er die Regentropfen an, die am Fenster herabliefen.

„Das kann ich nicht“, sagte er schließlich. „Ich darf nicht so weit weg gehen, weil ich mich dann verirre. Und ich weiß auch nicht, wo es hier einen See gibt.“

„Macht nichts“, sagte ich. „Wir fangen sowieso meistens nur kleine Fische.“

„Und Zimtschnecken schmecken auf jeden Fall besser“, sagte Berra.

Also gingen wir zum Kaffeetrinken. Tante Tora strich Onkel Nils übers Knie und kniff Berra verstohlen in die Backe. Als wir uns verabschiedeten, bekam Berra von seinem Opa ein Zweikronenstück und ich ein staubiges Hustenbonbon.

„Das mit dem Angeln tut mir Leid“, sagte Onkel Nils. „Aber mir fällt schon noch was anderes ein.“

„Was denn?“, fragte Berra.

„Das kann man nie wissen“, sagte Onkel Nils.

Ulf Stark

Ein Schnurps grübelt

Also, es war einmal eine Zeit,
da war ich noch gar nicht da.
Da gab es schon Kinder, Häuser und Leut'
und auch Papa und Mama,
jeden für sich –
bloß ohne mich!

Ich kann mir's nicht denken. Das war gar nicht so.
Wo war ich denn, eh es mich gab?
Ich glaube, ich war einfach anderswo,
nur, dass ich's vergessen hab',
weil die Erinnerung daran verschwimmt. –
Ja, so war's bestimmt!

Und einmal, das sagte der Vater heut,
ist jeder Mensch nicht mehr hier.
Alles gibt's noch: Kinder, Häuser und Leut',
auch die Sachen und Kleider von mir.
Das bleibt dann für sich –
bloß ohne mich.

Aber ist man dann weg? Ist man einfach fort?
Nein, man geht nur woanders hin.
Ich glaube, ich bin dann halt wieder dort,
wo ich vorher gewesen bin.
Das fällt mir dann bestimmt wieder ein.
Ja, so wird es sein!

Michael Ende

NIKOS LESETIPPS

Mach was!

Zu Seite 95
Schulregeln

- Welche Meinung hast du zu den Schulregeln von früher? Spielt sie in der Klasse einmal durch. Überlegt dann neu und diskutiert die Regeln. Hat es einen Sinn, dass man unbedingt mit der rechten Hand aufzeigt und dass dabei die Hand in den Ellenbogen gestützt werden muss?
- Vielleicht macht es euch Spaß, ganz verrückte Schulregeln zu erfinden.
- Könnt ihr Schulsachen von früher bekommen? Zum Beispiel einen alten Ledertornister, eine Schiefertafel, Griffel, ein altes Schulbuch, Fleißkärtchen? Dann könnt ihr eine Museumsecke einrichten und die Gegenstände mit einem Kärtchen beschriften.
- Vielleicht könnt ihr auch eine ältere Frau oder einen älteren Herrn in die Klasse einladen, die von früher erzählen.

Lies was!

Zu Seite 103 und 104
Ein neuer Opa für Berra

Berra besucht seinen Opa im Altersheim. Es gibt aber auch Bücher, die beschreiben, wie ein Kind mit der Oma zusammenlebt, z. B. von Peter Härtling oder von Achim Bröger. Beide Autoren beschreiben mit Liebe und Humor, wie Enkel und Oma zusammen wohnen und sich gegenseitig brauchen. Beide Bücher gibt es als Taschenbücher.

Spiel was!

Zu Seite 99
Alte Kindereime und Spiele

Kennst du auch solche Abzählreime? Schreibe sie auf.
Befrage Mutter und Oma, welche sie noch kennen. Oft haben sie bei Hüpfspielen und Klatschspielen ähnliche Verse gesungen.

Ene mene ming mang, kling klang,
ose pose packe dich, eia weia weg.

Antworten auf die Fragen findest du in den Texten dieses Kapitels.

- ? Wie oft fängt ein Vater einen Satz mit „Und vorher“ an?
- S. 99 Wie viel Kronen hat Berra in den zwei Tagen von seinem Opa bekommen?
- S. 103 Berra ist ein Rufname. Wie heißt er wirklich?
- S. 98 Ein Mädchen hat einen Hut auf. Was ist noch an dem Hut?
- ? Wie heißt Anna Maria mit Hausnamen?
- ? Als Oma ein Kind war, hatte sie einen Hund. Wie hieß er?

Zu Seite 96 und 97
Kaum hundert Jahren ist es her

In der Bücherei findest du auch Sachbücher über das Leben früher. Manche berichten von ganz alten Zeiten. Besonders interessant sind aber auch Bücher, die von der Zeit der Ur- und Ururgroßeltern berichten.

Zu den Texten
von Seite 102 und Seite 105

Kannst du dir vorstellen, wie es ist, wenn du ganz alt bist?
Was wünschst du dir dann?
Worüber machst du dir Gedanken?

Zu allen Texten

In einem Museum kannst du sehr viel über frühere Zeiten erfahren. Es gibt nicht nur Museen mit Bildern, sondern auch Schulmuseen, Heimatmuseen, Museen für Industriegeschichte, für Technik usw. Meistens sind die Museen heute auch auf den Besuch von Kindern eingestellt. Dann lohnt sich ein Besuch besonders.

Menschen brauchen einander

Gordischer Knoten

Ein Spiel
für wenige oder viele Kinder (und Erwachsene),
zum Zusammenhalten, zum gemeinsamen Lösen einer kniffligen Aufgabe.

Spielanleitung:
Stellt euch im Kreis auf und streckt eure Hände in die Kreismitte.

Fasst dort zwei beliebige Hände von anderen Kindern an.

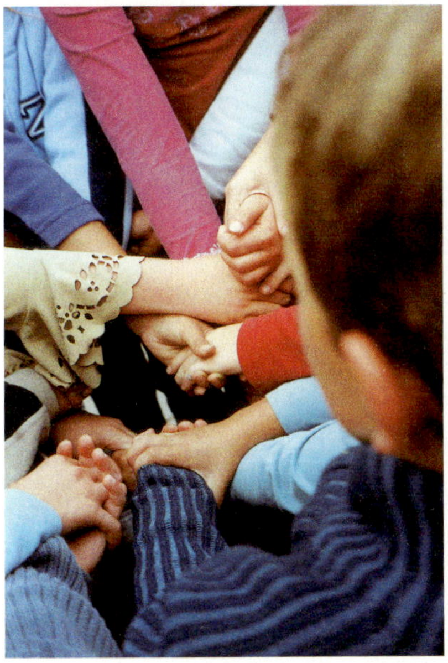

Versucht nun, den so entstandenen Knoten zu lösen, ohne die Hände loszulassen.

Dazu könnt ihr untendurch kriechen, darüber klettern, euch drehen ...

Achtung:
Es gibt auch unlösbare Gordische Knoten!

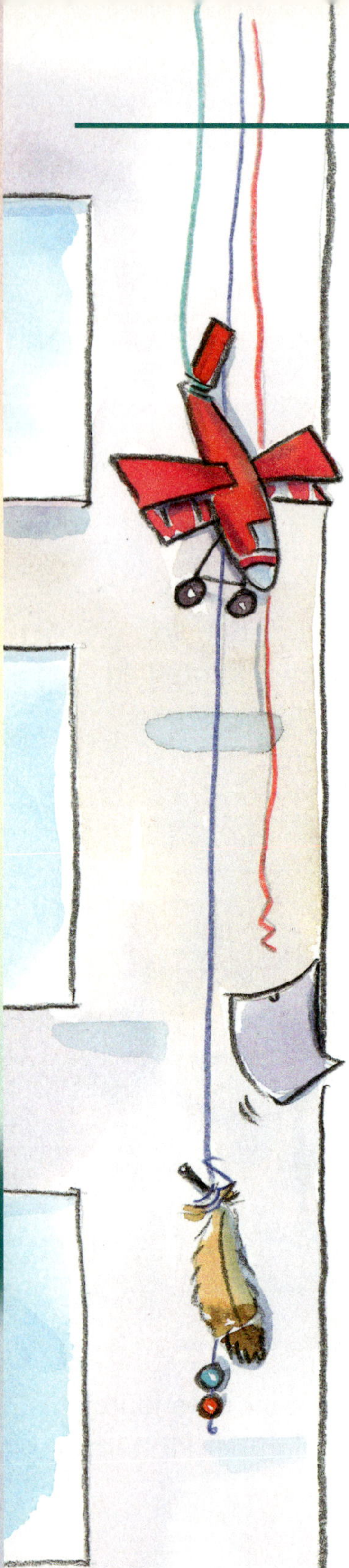

Das Nachrichtenband

Micha wohnt seit drei Wochen in dem gelben Hochhaus in der Gaßackervorstadt. Links steht das braune Hochhaus und rechts das grüne. Die Hochhäuser brauchen verschiedene Farben, sonst würde man sie nur schwer unterscheiden können.
Seit drei Wochen wohnt Micha jetzt hier, im neunten Stockwerk. Drei Wochen Langeweile sind das. Denn niemand kennt sich hier. Niemand ist neugierig auf die andern. Jeder geht seiner Wege. Der Fahrstuhl summt leise. Die Türen schließen sich fast geräuschlos und öffnen sich ebenso. Leute steigen ein oder aus. „Guten Tag“, „guten Abend“, „guten Morgen“.
Viel mehr wird im Hochhaus nicht gesprochen. Die Leute gehen zur Arbeit und kommen von der Arbeit. Und im übrigen will jeder für sich bleiben.
Zwar gibt es einige Kinder im Hochhaus, das schon.
Allerdings verteilt auf alle dreizehn Stockwerke.
Kein Mensch weiß, wo.
Micha hat sich am Anfang mit Treppenlaufen die Zeit vertrieben. Die Treppe hoch und runter. Mal eine Stufe nehmend, dann zwei, drei. Dann rückwärts hüpfend. Dann vorwärts auf allen vieren, wie ein Tier schleichend.
Nach zwei Tagen machte das Treppenspiel Micha keinen Spaß mehr. Und es fiel ihm nichts Neues mehr ein. Dösig hockte er in der Couchecke und blätterte Comic-Hefte durch. Mindestens zehn Kinder wohnten in diesem Haus. Da musste man doch irgendwie rankommen! überlegte er.
Aus dem Nähkästchen der Mutter schauten allerhand Fäden, Stoffe und Bänder hervor. Micha hatte einen Gedanken.
Er stand auf, nahm eine Rolle Band aus dem Nähkästchen und schrieb auf einen Zettel: „Ich heiße Micha und wohne im Neunten“, dann befestigte er sein neuestes Comic-Heft an dem Band und schrieb auf den Zettel: „Wer will, kann dieses Heft ausleihen! Aber bitte Namen auf den Zettel schreiben und Stockwerk.“

Dann machte er das Fenster auf und ließ den Zettel ganz langsam mit dem Band und dem Comic-Heft an der Hauswand hinuntergleiten.
Wie der Fischer mit der Angel am See wartete Micha mit seinem Band am Fenster.
Nach etwa fünf Minuten gab es einen Ruck.
Jemand machte sich an dem Band zu schaffen. Micha hielt jetzt das Band ganz fest und wartete einige Minuten, bevor er wieder einholte. Mit dem Band zog Micha einen zweiten Zettel herein. Und noch ein Comic-Heft. „Petra. Zweiter", stand auf dem Zettel. Und: „Dein Comic ist alt, von letzter Woche. Hab ich schon lang gelesen. Ich leih dir den neuen aus, er ist von dieser Woche. Bitte nach dem Lesen wieder herunterlassen."
Micha betrachtete die Schrift und stellte sich Petras Alter vor. Mindestens zehn, die konnte viel besser schreiben als er. Rasch las er den Comic durch und befestigte ihn wieder am Band. Außerdem befestigte er sein Taschenmesser mit dem Häkchen ans Band und schrieb einen neuen Zettel: „Comic zurück, danke. Kenn ich auch schon lang. Wenn du willst, kannst du dir mein Taschenmesser ein Weilchen ausleihen. Vorsicht, die mittlere Klinge ist besonders scharf!"
Auf diese Weise wanderten am selben Tag noch zwei Teddys, eine Puppe, ein angefangenes Flugmodell, ein halbes Abendbrot und eine Indianerkleidung an der Hauswand auf und ab.
Und dann war wieder ein Zettel am Band befestigt: „Was macht ihr da? Ich heiße Paul und wohne im Fünften."
Nun kamen noch Sachen von Paul dazu. Und später – es war schon dunkel, und Micha hatte seine Taschenlampe am Band befestigt – noch Irmgard aus dem vierten und Kaspar aus dem ersten Stock.
„Die machen das nicht schlecht", sagte Herr Hubmaier, Petras Vater zu seiner Frau, als Petra mit Pauls Cowboyhut in die Küche kam. „Wenn wir Erwachsenen uns nur auch so leicht kennen lernen könnten ..."

Frieder Stöckle

Tobias und Ines unterm Regenschirm

Am Nachmittag regnet es. Tobias freut sich. Er hüpft von einer Pfütze in die andere. Als er genug hat, läuft er nach Hause. Vor dem Haus sitzt Ines auf der kleinen grauen Mauer. Unter einem Regenschirm.
„Was machst du denn hier?", fragt Tobias.
„Ich probiere meinen Schirm aus", sagt Ines, „den hat mir mein Papa geschenkt."
Tobias fragt, ob er mit ausprobieren darf. Er darf.
Der Schirm ist rot mit blauen Tupfen.
„Das ist aber ein sehr lustiger Regenschirm", sagt Tobias.
Ines gefällt er auch. Am besten gefällt ihr das Eichhörnchen.
Die Krücke von dem Schirm ist ein Eichhörnchen aus Holz.
„Ich kann Eichhörnchen gut leiden", sagt Ines.
„Ich auch", sagt Tobias. Aber er kennt jemanden, den kann er noch besser leiden.
„So? Wen denn?"
Das verrät Tobias nicht. Weil das sein Geheimnis ist.
„Verrätst du mir dein Geheimnis?"
„Ne", sagt Tobias. Das verrät er nicht. Nie verrät er das.
„Dann darfst du auch nicht mehr meinen Schirm ausprobieren."
Ines rutscht von ihm weg. Tobias bleibt erst sitzen. Dann rutscht er hinter Ines her. Vielleicht, vielleicht sagt er es doch. Also, wen kann er gut leiden?
„Dich!", sagt Tobias. Und tippt mit dem Zeigefinger auf Ines.
„Mich?", fragt Ines. „Ja!" Tobias nickt.
„Warum kannst du mich gut leiden?", fragt Ines.
„Weil du so gut riechst, nach Salz und Meer."
Ines ist doch vor vier Jahren aus Spanien gekommen. Tobias hat im letzten Sommer Ferien in Spanien gemacht. Am Meer. Bei den Möwen. Das war sehr schön.
Immer wenn Tobias die Ines sieht, denkt er ans Meer. Ines fängt einen Regentropfen

mit der Hand auf und sagt, dass in Spanien jetzt bestimmt die Sonne scheint.
„Fährst du in diesem Jahr in den Ferien nach Spanien?“, fragt Tobias.
„Nein“, sagt Ines. „Wir haben kein Geld.“
Wenn Ines will, kann sie mit Tobias fahren.
„Mit dir?“
„Ja, ich fahre oft nach Spanien. Mit dem Schiff.“
Das baut Tobias sich in seinem Zimmer aus Matratzen. Sie können gleich losfahren. Das Schiff ist schon fertig. Weil Tobias heute Nachmittag nach Madagaskar wollte. Aber mit Ines fährt er natürlich nach Spanien. Ines hopst von der Mauer. Rennt über die grauen Steinplatten ins Nachbarhaus.
„Wo willst du denn hin?“
„Mutter fragen, ob ich mit dir nach Spanien darf!“
Sie dreht sich um und lacht.

Ursula Fuchs

Liebe Aygün!

Schenk mir deine Wörter,
schenk sie mir bald.
Wörter für Himmel,
für Sonne und Wald.
Wörter für Wiesen
mit Blumen bestreut.
Wörter für Flüsse,
für unendlich weit.

Wörter für Schafe,
mit Fellen ganz dicht.
Wörter für Türme,
wie Glas so licht.
Wörter für Freundschaft,
für Frieden und Liebe
sind Wörter für Kinder,
für unsere Spiele.

Marianne Kreft

Herr Böse und Herr Streit

Es war einmal ein großer Apfelbaum. Der stand genau auf der Grenze zwischen zwei Gärten. Und der eine Garten gehörte Herrn Böse und der andere Herrn Streit.
Als im Oktober die Äpfel reif wurden, holte Herr Böse mitten in der Nacht seine Leiter aus dem Keller und stieg heimlich und leise-leise auf den Baum und pflückte alle Äpfel ab. Als Herr Streit am nächsten Tag ernten wollte, war kein einziger Apfel mehr am Baum. „Warte!“, sagte Herr Streit, „dir werd’ ich’s heimzahlen.“
Und im nächsten Jahr pflückte Herr Streit die Äpfel schon im September ab, obwohl sie noch gar nicht reif waren. „Warte!“, sagte Herr Böse, „dir werd’ ich’s heimzahlen.“
Und im nächsten Jahr pflückte Herr Böse die Äpfel schon im August, obwohl sie noch ganz grün und hart waren. „Warte!“, sagte Herr Streit, „dir werd’ ich’s heimzahlen.“
Und im nächsten Jahr pflückte Herr Streit die Äpfel schon im Juli, obwohl sie noch ganz grün und hart und sooo klein waren. „Warte!“, sagte Herr Böse, „dir werd’ ich’s heimzahlen.“
Und im nächsten Jahr pflückte Herr Böse die Äpfel schon im Juni, obwohl sie noch klein wie Rosinen waren. „Warte!“, sagte Herr Streit, „dir werd’ ich’s heimzahlen.“
Und im nächsten Jahr schlug Herr Streit im Mai alle Blüten ab, so dass der Baum überhaupt keine Früchte mehr trug. „Warte!“, sagte Herr Böse, „dir werd’ ich’s heimzahlen.“
Und im nächsten Jahr im April schlug Herr Böse den Baum mit einer Axt um.
„So“, sagte Herr Böse, „jetzt hat Herr Streit seine Strafe.
Von da ab trafen sie sich häufiger im Laden beim Äpfelkaufen.

Heinrich Hannover

Wie Bernd und Frieder miteinander reden

Bernd: Geh mir mal aus dem Weg!
Frieder: Warum?
Bernd: Weil du mir im Weg stehst.
Frieder: Aber du kannst doch an mir vorbeigehn.
Da ist eine Menge Platz.
Bernd: Das kann ich nicht.
Frieder: Warum?
Bernd: Weil ich geradeaus gehen will.
Frieder: Warum?
Bernd: Weil ich das will. Weil du jetzt
mein Feind bist.
Frieder: Warum?
Bernd: Weil du mir im Weg stehst.
Frieder: Darum bin ich jetzt dein Feind?
Bernd: Ja. Darum.
Frieder: Und wenn ich dir aus dem Weg gehe,
bin ich dann auch noch dein Feind?
Bernd: Ja. Weil du dann ein Feigling bist.
Frieder: Was soll ich denn machen?
Bernd: Am besten, wir verkloppen uns.
Frieder: Und wenn wir uns verkloppt haben,
bin ich dann auch noch dein Feind?
Bernd: Ich weiß nicht. Kann sein.
Frieder: Dann geh' ich dir lieber aus dem Weg
und bin ein Feigling.
Bernd: Ich hab' gewusst, dass du ein Feigling bist.
Von Anfang an hab' ich das gewusst.
Frieder: Wenn du es schon vorher gewusst hast,
warum bist du dann nicht an mir
vorbeigegangen?

Peter Härtling

Oma, erzähl mal!

„Heute war wieder ein schöner Sommertag“, begrüßte mich Oma. Ich sah aus dem Fenster. Draußen war es stockdunkel, auch wenn es erst sieben Uhr war. „Oma! In unserer Birke im Garten hängt kein Blatt mehr. Und alle Blumen sind längst verblüht. Und weißt du, warum? Wir haben nicht mehr Sommer. Wir haben Ende Oktober. Der Sommer ist vorbei.“

Meine Großmutter sah mich mit großen erschrockenen Augen an und es tat mir Leid, dass ich sie so angefahren hatte. Eigentlich mochte ich es, dass sie in ihrer eigenen Zeit und Welt lebte. Besonders liebte ich die Welt, die es vor siebzig Jahren gab. Damals war meine Großmutter acht Jahre alt und sie hatte ein Ferkel, das mit ihr im Bett schlafen durfte.

Das hatte sie mir schon oft erzählt.

„Erzähl mir von deinem Ferkel“, bat ich sie.

„Von welchem Ferkel?“, fragte sie, obwohl sie ganz genau wusste, was ich meinte.

„Von dem Ferkel, das bei dir im Bett schlafen durfte.“

„Ach das. Wenn du unbedingt willst! – Wir lebten damals auf dem Lande und wir hatten Kühe und Schweine und auch ein paar Katzen. Aber wir Kinder durften die Katzen nicht mit ins Haus bringen. Sie sollten draußen bleiben, nach Mäusen und Ratten jagen und im Stall schlafen.

Wir gehorchten, denn mein Vater war ziemlich streng. Nur einmal war es mir egal, wie streng mein Vater war. – Als es um das kleine Ferkel ging. Bei uns liefen die Schweine und Ferkel draußen frei herum.

Eines der kleinen Ferkel hatte ich sehr lieb gewonnen. Es war etwas kleiner als seine Geschwister. All die anderen Ferkel liefen dem Mutterschwein hinterher, aber mein kleines Ferkel trippelte vergnügt in der Weltgeschichte herum und schnüffelte hier und dort. Es war glücklich, bis es den Kopf hob und sah, dass es ganz allein unter einer riesigen Eiche stand. Da quiekte es jämmerlich und

ich trug es zurück zu seinen Geschwistern. Wenn die Sau sich zum Säugen hingelegt hatte und all die anderen Ferkel sich an ihre Zitzen drängten und saugten und mampften, stand es daneben und wackelte mit seinem kleinen Ringelschwänzchen. Ich musste dann immer hingehen und es zwischen die anderen Ferkel schieben und ihm zeigen, wo noch eine Zitze frei war. Sonst wäre es verhungert.
Und so war das auch mit dem Schlafplatz. Es kam immer zu spät, um noch einen schönen warmen Platz am Bauch der Muttersau zu finden. Und so habe ich es in mein Bett genommen. Als mein Vater das Ferkel in meinem Bett entdeckte, hat er ziemlich getobt.
‚Ferkelei! Schweinerei! Ein Ferkel zwischen blütenweißer Bettwäsche!', rief er immer wieder.

Aber dann redete meine Mutter mit ihm und er beruhigte sich und sagte zu mir: ‚Drei Nächte kannst du es von mir aus verwöhnen, aber dann muss es zurück zu den anderen Ferkeln.' Denn er war ja streng, mein Vater, aber er war kein Unmensch. Und so quiekte und grunzte das kleine Ferkel drei Nächte in meinem Bett und dann musste es wieder zu den anderen. Es lag nachts immer ein bisschen abseits von seinen Geschwistern, aber das schien ihm nicht mehr viel auszumachen. Vielleicht träumte es sein Leben lang von einem richtigen Bett und von weißen Betttüchern. Aber aus ihm wurde auch ein richtiges Schwein. Ja, so war das!"
Meine Oma schloss die Augen und ich dachte, dass sie jetzt bestimmt all die kleinen Ferkel herumrennen sah und mit ihnen allein sein wollte. Ich gab ihr einen Kuss auf die Stirn und sie sagte: „Gute Nacht, Steffi!"
„Gute Nacht, meine Oma! Träum schön!" Ich machte die Tür hinter mir leise zu.

Marjaleena Lembcke

Ameisen

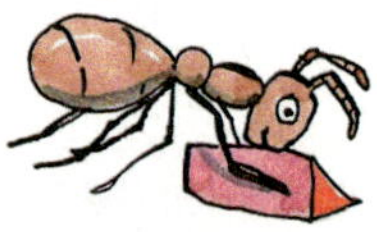

Im Hof unten, bei den Mülltonnen, sitzt immer der Gerhard. Jeden Tag hockt er dort. Stundenlang. Den Ameisen schaut er zu. Die Ameisen kommen aus einem Riss in der Hausmauer. In Dreier-Reihen wandern sie die Mauer hinunter, über den Betonboden und dann die Mülltonnen hinauf. Wenn sie aus den Mülltonnen wieder heraus kommen, tragen sie die Beute mit sich. Ein Reiskorn, ein Brotbrösel, eine Winzigkeit Apfelschale und allerhand Krümel, denen man nicht ansieht, woraus sie bestehen.
Der Hubert versteht nicht, warum der Gerhard jeden Tag stundenlang den Ameisen zuschaut. Und fragen kann er ihn ja auch nicht danach. Der Gerhard kann nicht richtig reden. Bloß „Mama" und „nein" kann er sagen. Alles andere, was er sagt, ist ein unverständliches Gebrabbel, aus dem nur seine Mama schlau wird.
„So was von stumpfsinniger Glotzerei", sagt der Hubert zu den anderen Kindern. Und die anderen Kinder geben ihm Recht. Aber manchmal, wenn weder der Gerhard noch die anderen Kinder im Hof sind, dann hockt sich der Hubert auch zu den Mülltonnen und schaut den Ameisen zu. Ganz geheim nämlich hat er den Verdacht, dass es da schon was zu sehen gibt, etwas, das unheimlich aufregend ist, etwas, das nur der Gerhard weiß.

Christine Nöstlinger

Die Ameise

„Berge versetzen gehört zu unserer Ausbildung", sagte die Ameise.

Irmela Wendt

Das Fremde

Das Fremde bleibt so lange fremd
bis es begrüßt berührt bekennt:
Ich habe dich gern, du hast mich gern
wir leben auf dem gleichen Stern

Das Fremde bleibt so lange fremd
bis es begrüßt berührt bekennt:
Du bist nicht fremd, du bist vertraut
Gefühle werden aufgetaut

Das Fremde bleibt so lange fremd
bis es begrüßt berührt bekennt:
Das Anderssein ist interessant
Probieren wir’s, nimm meine Hand!

Erwin Grosche

NIKOS LESETIPPS

Mach was!

Zu Seite 114

Herr Böse und Herr Streit

- Die Geschichte könnt ihr mit verteilten Rollen lesen und dabei immer ein passendes Bild zeigen.
- Die Geschichte eignet sich auch für ein Schattenspiel. Verschiedene Sprecher erzählen die Geschichte. In der Mitte der Schattenwand steht der Apfelbaum und die beiden Figuren werden jeweils von rechts oder links herangeführt.
- Ihr könnt auch eine Gegengeschichte schreiben. Wie würde sie verlaufen, wenn es die Geschichte von Herrn Friedlich und Herrn Hilfreich wäre?

Denk nach!

Zu Seite 112 und 113

Tobias und Ines

Tobias möchte mit Ines nach Spanien fahren. Kennst du auch einen Jungen oder ein Mädchen, mit dem du eine weite Reise machen möchtest? Welche Eigenschaften sollte so jemand haben?

Lies was!

Zu Seite 116 und 117

Oma, erzähl mal!

In dem Buch geht es um Vergesslichkeit oder wie man auch sagt: um Schusseligkeit. Mama und Papa sind nicht schusselig, dafür andere in der Fanilie um so mehr. Und richtige Expertin für Schusseligkeit ist Oma. Das führt zu manchen komischen und turbulenten Situationen. Mehr davon findest du in dem Buch von Marjaleena Lembcke. Ihren schönen Vornamen hat sie übrigens aus Finnland mitgebracht. Dort ist sie geboren.

Spiel was!

Zu Seite 108 und 109

Gordischer Knoten

Spielt das Spiel „Gordischer Knoten“ in der Klasse. Fangt mit einer kleinen Gruppe an, zum Beispiel 4 oder 6 Kinder. Die anderen Kinder stehen im Kreis drumherum. Alle müssen mithelfen, dass es klappt. Versucht den Knoten danach mit mehreren Kindern.

Such was!

Antworten auf die Fragen findest du in den Texten dieses Kapitels.

S. 110 Welche Farbe hat das Hochhaus, in dem Micha wohnt?
? In welchem Monat hat Herr Böse den Apfelbaum umgehackt?
S. 112 Wen kann Tobias gut leiden?
? Wie oft fragt Frieder „Warum“?
S. 116 Wie alt war Oma, als ein Ferkel in ihrem Bett schlafen durfte?
? Welche Beute tragen die Ameisen aus den Mülltonnen heraus?

Mach was!

Zu Seite 113

Liebe Aygün!

Frage andere Kinder oder auch Erwachsene, wie die Nomen (Himmel, Sonne, Wald) in einer anderen Sprache heißen.
Malt dann Bilder und schreibt in vielen Sprachen die Wörter dazu.

Spiel was!

Zu Seite 115

Bernd und Frieder

- Spielt den Dialog. (Dialog ist übrigens ein Fachausdruck für ein solches Gespräch zwischen nur zwei Personen). Die anderen Kinder schauen zu und geben Tipps für die nächste Spielrunde.
  Wie sollten die Spieler betonen?
  Wie sollten sie sich bewegen?
- Überlegt einen neuen Schluss für den Dialog oder mehrere verschiedene Möglichkeiten.

Das Wassertröpflein

Tröpflein muss zur Erde fallen,
muss das zarte Blümchen netzen,
muss mit Quellen weiterwallen,
muss das Fischlein auch ergötzen,
muss im Bach die Mühle schlagen,
muss im Strom die Schiffe tragen.
Und wo wären denn die Meere,
wenn nicht erst das Tröpflein wäre.

Johann Wolfgang von Goethe
(zugeschrieben)

Rätsel

Er liegt in seinem Bett
tags, nachts, jahrein, jahraus.
Wenn's lange regnet, kommt
er aus dem Bett heraus.
Doch hört der Regen auf,
geht er ins Bett sofort.
Obwohl er liegt, eilt er
mit Hast von Ort zu Ort.
Er liegt in seinem Bett
und schläft doch niemals ein.
Er ist pitschnass und kalt.
Wer mag denn das wohl sein?

Volksgut

Das Wasser

Vom Himmel fällt der Regen
und macht die Erde nass,
die Steine auf den Wegen,
die Blumen und das Gras.

Die Sonne macht die Runde
in altgewohntem Lauf
und saugt mit ihrem Munde
das Wasser wieder auf!

Das Wasser steigt zum Himmel
und wallt dort hin und her.
Da gibt es ein Gewimmel
von Wolken, grau und schwer.

Die Wolken werden nasser
und brechen auseinand'
und wieder fällt das Wasser
als Regen auf das Land.

Der Regen fällt ins Freie
und wieder saugt das Licht,
die Wolke wächst aufs Neue,
bis dass sie wieder bricht.

So geht des Wassers Weise:
Es fällt, es steigt, es sinkt
in ewig gleichem Kreise
und alles, alles trinkt!

James Krüss

Das Gewitter

Hinter dem Schlossberg kroch es herauf:
Wolken – Wolken!
Wie graue Mäuse,
ein ganzes Gewusel.
Zuhauf jagten die Wolken gegen die Stadt.
Und wurden groß
und glichen Riesen
und Elefanten
und dicken, finsteren Ungeheuern,
wie sie noch niemand gesehen hat.
Gleich geht es los!
sagten im Kaufhaus Dronten
drei Tanten
und rannten heim, so schnell sie konnten.
Da fuhr ein Blitz
mit helllichtem Schein,
zickzack,
blitzschnell
in einen Alleebaum hinein.
Und ein Donner schmetterte hinterdrein,
als würden dreißig Drachen
auf Kommando lachen,
um die Welt zu erschrecken.
Alle Katzen in der Stadt
verkrochen sich
in die allerhintersten Stubenecken.
Doch jetzt ging ein Platzregen nieder!
Die Stadt war überall
nur noch ein einziger Wasserfall.
Wildbäche waren die Gassen.
Plötzlich war alles vorüber.
Die Sonne kam wieder
und blickte vergnügt
auf die Dächer, die nassen.

Josef Guggenmos

Wolkenbilder

Eva, Mama und Papa liegen mitten in einer Wiese und schauen den Wolken zu.
„Ich sehe eine Kuh!“, ruft Eva.
„Und ich einen Tretroller“, sagt Mama.
„Ja, ich sehe ihn auch“, sagt Papa. „Und … und jetzt fährt die Kuh auf dem Tretroller.“
Eva lacht. „Aber sie wackelt. Pass auf!“
„Zu spät“, sagt Mama. „Jetzt ist sie gestürzt … Und zu einer riesigen Brezel geworden.“
Papa schließt verträumt die Augen. „Brezel“, murmelt er und schnuppert in die Luft.
„Hm, wie das duftet! Riecht ihr es auch?“
Eva und Mama schnuppern wie zwei Hunde auf Spurensuche. „Ich rieche … rieche frische Brötchen … nein, Apfelkuchen“, sagt Mama und leckt sich die Lippen.
„Und ich hab jetzt Hunger“, sagt Eva. Hätten sie doch bloß ein Picknick mitgenommen!

Manfred Mai

Regentropfen

Ein Regentropfen fiel einem Kind in die Hand. Er sprach: „Schließ die Hand, damit ich nicht sterbe, und lauf zu den Hügeln mit den Bäumen und lass mich dort frei. Ich werde in die Erde dringen und es wird Regen fallen.“
Das Kind schloss die Hand und rannte zu den Hügeln mit den Bäumen, so schnell es konnte. Aber als es ankam und die Faust öffnete, war der Regentropfen verdunstet.
Weinend lief das Kind ins Dorf zurück und erzählte den Alten, dass der Regentropfen gestorben sei. Nun würde es nie mehr regnen.
Aber die Alten sagten: „Weine nicht! Wir werden hier im Dorf Bäume pflanzen,
damit der nächste Regentropfen keine Zeit hat zu verdunsten. Wir werden Bäume pflanzen und wir werden Regen haben.“

Märchen aus Afrika

Hochwasser

Der Strom,
der so lange karg
im schmalen Graben
dahinfloss,
schwillt jäh
von dem schmelzenden Winter
in den Gebirgen.
Er steigt in die Ebene,
über Nacht,
heimlich, lautlos.
Die Maulwürfe ertrinken,
die Mäuse, die Engerlinge.
Der Mensch
sitzt hinter Dämmen und Deichen.
Er fürchtet sich.
Die Pappel wird dunkel
von all der aufgetrunkenen Kühle,
von all der fließenden Kraft.
Für einen langen grünen Sommer.

Rolf Bongs

Hochwasser

Eingeschlossen im Kirchenschiff

Dienstag, 13. August 2002

Die Schulstraße gibt es nicht mehr. Dort, wo sie sich durch die Altstadt von Grimma zog, ragen Kabel und Rohre gespenstisch aus dem Boden. Autowracks überall. Pflastersteine, Müll und Schlamm.

Stündlich steigt das Wasser um 30 Zentimeter. Längst sind die Marken vergangener Hochwasser überschritten. Die Feuerwehr und das Technische Hilfswerk versuchen seit den Morgenstunden, von den Fluten eingeschlossene Bewohner mit Booten zu evakuieren.

Eine Frau blickt ängstlich auf den Kirchturm. Ein Baby und über 50 weitere Menschen, die in der Kirche Schutz suchten, sind dort seit Stunden vom festen Land abgeschnitten. Die Feuerwehr versucht Nahrung und warme, trockene Kleidung in die Frauenkirche zu bringen. Aber es ist nicht möglich. Die Strömung des Wassers ist zu stark. Erst am Nachmittag gelingt es, mit strömungssicheren Booten die Menschen und auch das Baby zu retten.

Hubschrauber kreisen über der Stadt. Das Hochwasser steht bei einigen Häusern bis zum Dach. Am Abend stürzen die ersten Häuser ein, völlig durchweicht, als seien sie aus Pappe. Die Wassermassen wälzen sich durch die Straßen. Der Pegel klettert weiter. Spätestens jetzt ist klar: Es handelt sich um ein Jahrhunderthochwasser!

Wann wird es wieder regnen?

27. September 2003

Nach Monaten tropischer Hitze regnet es immer noch nicht ausreichend! Die Menschen müssen mit der großen Trockenheit fertig werden. Die Situation sei auf Grund fehlender Niederschläge „katastrophal“, sagte der Präsident der Landwirtschaftskammer. Wegen der ausgetrockneten Weiden werde dem Vieh jetzt schon Wintervorrat zugefüttert.

Auch die Fische in den Flüssen und Gewässern leiden unter dem extremen Wassermangel. Es fehlt der Sauerstoff, Schadstoffe konzentrieren sich, das Wasser erwärmt sich zu stark und Krankheitserreger, wie die Rotseuche, können sich ausbreiten.

Der Pegel der Flüsse sinkt immer weiter. Der Pegelstand des Rheins, der in Köln durchschnittlich bei 3,50 Metern liegt, ist auf 82 Zentimeter gesunken. Der historische Tiefststand wurde mit 83 Zentimetern 1947 gemessen.

Die Binnenschifffahrt muss mit großen wirtschaftlichen Schäden rechnen. Frachtschiffe können nur noch 30 bis 40% ihrer Ladung mitnehmen. Größere Ausflugsdampfer legen überhaupt nicht mehr ab, da die Fahrrinne nicht genügend Wasser hat.

Viele Uferbereiche der Flüsse gleichen inzwischen Wüstenlandschaften …

Einmal sprang der Frosch ins Wasser

Einmal sprang der Frosch ins Wasser,
überlegte lang.
Sprang bedächtig – plopp – hinein,
schöner Wasserklang.

Einmal sprang der Frosch ins Wasser,
eine schnelle Tat,
und das Wasser plitscht und platscht,
kühles Wasserbad.

Einmal sprang der Frosch ins Wasser,
hoch im schönen Bogen.
Wenn er jetzt noch Flügel hätt,
wär er fortgeflogen.

Fredrik Vahle

Der Frosch, der Frosch, der schwimmt nicht schlecht
und liebt das Wasser sehr.
Doch weiter unten schwimmt ein Hecht,
der liebt die Frösche sehr.

Gerd Bauer

Ein Frosch war nicht immer ein Frosch

Im Frühjahr legen die Frösche ihre Eier ab. Dazu suchen sie sich einen Teich. Manchmal müssen sie dazu eine Straße überqueren. Dann sind sie in großer Gefahr.

Aus den Eiern schlüpfen Kaulquappen. Sie schwimmen im Teich und fressen Algen und kleinste Wasserpflanzen. Zuerst sehen sie aus wie ein Kopf mit einem Schwanz. Dann bekommen sie Hinterbeine, dann Vorderbeine. Schließlich fällt der Schwanz ab. So entsteht ein kleiner Frosch.

Am Anfang passt er auf einen Fingernagel. Er hüpft an Land. Nun ist er ein Fleischfresser. Mit seiner Zunge fängt er Insekten. Oft springt er mit seinen langen Beinen hoch und fängt sie im Flug.

Frösche fühlen sich überall wohl, wo es feucht ist. Aber es gibt immer weniger Tümpel und Teiche. Deshalb sind auch Frösche selten geworden.

Linnéa im Garten des Künstlers

Stellt euch vor, ich bin im Garten des Malers gewesen! Und in Paris! Blümle war auch mit. Es war überhaupt seine Idee. Aber ich muss wohl von Anfang an erzählen.

Ich habe Blumen sehr gern ... und interessiere mich für alles, was wächst. So bin ich nun mal. Blümle ist wie ich. Er war früher Gärtner, aber er ist jetzt pensioniert. Blümle weiß fast alles über Pflanzen. Aber er interessiert sich auch für Malerei. Er hat ein Buch über Claude Monet, das ich mir immer wieder gern ansehe. Claude Monet war ein Maler. Er lebte in Frankreich und hatte Blumen auch sehr gern. Er malte viele Blumenbilder. Am berühmtesten sind wohl seine Seerosen-Bilder.

Linnéa und Blümle fahren eines Tages nach Paris und weiter zu Claude Monets Haus in Giverny, das inzwischen ein Museum ist. Der Garten sieht wieder so aus, wie ihn der Künstler vor vielen Jahren angelegt hat. Viele Blumen in allen Farben blühen im Sommer ...

Garten und Haus hatten wir uns angesehen, aber das Schönste hatten wir uns aufgespart: Den Seerosenteich. Um dahin zu gelangen, mussten wir durch den ganzen Garten und durch einen kleinen Tunnel unter der Landstraße hindurchgehen.

„Die japanische Brücke, Blümle!"
Als wir endlich auf der Brücke standen, hatte ich so ein seltsames Gefühl, dass ich Tränen in die Augen bekam. (Blümle auch, ich hab's gesehen.)
Unter uns wuchsen die Seerosen, rote, rosafarbene, weiße. Am Brückengeländer kletterte eine Pflanze hoch, die heißt Glyzinie. Ich nahm ein Blatt mit, um es zu pressen.

Claude Monet, Seerosen

„Guck mal da, Linnéa, im Schilf!“, sagte Blümle. Ja, da lag das grüne Ruderboot! Fast wie auf dem Gemälde im Marmottan-Museum.
Monets Kinder ruderten oft auf dem Teich. Wir sahen große Fische dicht unter der Wasseroberfläche schwimmen. Das seien Karpfen, sagte Blümle. Die Karpfen halten den Teich sauber, weil sie kleine Tiere und Pflanzen auffressen.
„Und jetzt dürfen wir uns die Brücke nicht eher wieder anschauen, bevor wir nicht einmal um den Teich herum gegangen sind“, sagte ich.
„Warum denn das?“, fragte Blümle.
„Ja, dann fängt jeder seinen eigenen EINDRUCK von der Brücke ein, genau wie Monet es getan hat.“
Aber als wir wieder zur Brücke kamen, vergaß ich ganz und gar, meinen Eindruck aufzubewahren, er verschwand einfach. Denn da flog ein Vogel und dort ging ein Mann in einer karierten Jacke vorbei und grüßte uns so freundlich. Und da war die Kurbel zum Wehr, durch das frisches Wasser in den Teich gelassen wurde (es kam aus dem kleinen Fluss Ru). Nein, aus mir würde nie ein Eindrucksfänger werden und aus Blümle auch nicht.
Ich nahm meinen Zeichenblock und fing an, eine Seerose zu zeichnen. Der ganze Teich mit all den Wolken, die sich im Wasser spiegelten, während sich gleichzeitig das Seegras unter der Wasseroberfläche wiegte, war mir zu schwierig zu zeichnen. Die Seerose wurde ziemlich gut. Aber richtig zufrieden war ich nicht. Doch das war Monet auch nie. Manchmal war er so unzufrieden, dass er einen ganzen Stapel Bilder nahm und sie im Garten verbrannte.

Christina Björk/Lena Anderson

Die Sonne und die Wolke

Die Sonne reiste in ihrem Feuerwagen über den Himmel, froh und glorreich warf sie ihre Strahlen in alle Richtungen zum großen Ärger einer gewittrig gelaunten Wolke, die brummte: „Verschwenderin, Vergeuderin, wirf nur deine Strahlen alle weg, du wirst schon sehen, was dir dann übrig bleibt.“
Jede Traube in den Weinbergen, die an den Reben reifte, stahl sich einen Strahl in der Minute oder sogar zwei; und da war kein Grashalm, keine Spinne, keine Blume und kein Wassertropfen, der sich nicht seinen Teil genommen hätte.
„Lass dich nur von allen bestehlen: Du wirst schon sehen, wie sie es dir danken werden, wenn du nichts mehr hast, das man dir stehlen könnte.“
Die Sonne reiste vergnügt weiter und schenkte Millionen und Milliarden Strahlen, ohne sie zu zählen.
Erst bei ihrem Untergang zählte sie die Strahlen, die sie noch hatte: Und siehe, es fehlte kein einziger. Die Wolke löste sich vor Überraschung in Hagel auf. Und die Sonne verschwand vergnügt im Meer.

Gianni Rodari

So im Schatten liegen möcht ich

So im Schatten liegen möcht ich
und den Vögeln zusehen,
wie sie mit dem Wind ihre
Pfeilspiele treiben.
In die weißen Wolken schaun
und sie bei ihren
Verwandlungskünsten ertappen.

So im Schatten liegen möcht ich
und eine Raupe bei ihrem
Mittagessen betrachten
und ihre Borsten zählen.
Die zitternden Grashalme ansehn
und beobachten,
wie sie ihre Samen fallen lassen.

So im Schatten liegen möcht ich
und spüren,wie mir die Sonne
an den Beinen hochklettert.
Zusehn, wie sich die Katze
gründlich wäscht,
und versuchen,
ob ich aus ihrer Sicht
die Welt betrachten kann.

Erwin Moser

Rätsel – Sprichwörter – Redensarten rund um die Sonne

Flog Vogel federlos
auf den Baum blattlos
kam Frau mundlos
und fraß Vogel federlos
vom Baum blattlos.

Jrland, Grabstein

Was geht durch Dornen und sticht sich nicht?
Was geht durch Hecken und Zäune und raschelt nicht?
Was geht über Wasser und wird nicht nass?

Schweden, Höhlenmalerei

As red as an apple,
as round as a ball,
higher than the steeple,
weather cock and all.

Griechenland, Antike

Die Sonne geht auf,
wenn man auch die Fenster zumauert.

Die Sonne hat auch ihren Schatten,
aber je höher sie steigt,
desto kleiner wird er.

Die Sonne, die den König bescheint,
wärmt auch den Bettler.

Wo die Sonne hineinkommt,
kommt der Arzt nicht hinein.

... der Sonne ein Licht anzünden
... die Sonne aufhalten wollen
... Sonne und Wind im Rücken haben
... Sonne im Herzen haben
Geh mir aus der Sonne!
Ein Platz an der Sonne
... die Sonne viereckig sehen

Mach es wie die Sonnenuhr,
zähl die heitern Stunden nur!

Good day sunshine ...

New-Mexico, Zia-Indianer

NIKOS LESETIPPS

Mach was!

Zum Foto von Seite 122 und 123

Auf dieser Seite siehst du ein tolles Naturschauspiel: einen großen Regenbogen. Das Licht der Sonne wird durch feine Regentropfen in die verschiedensten Farben zerlegt: grün, gelb, orange, rot, violett und blau. An einem Sommerabend, wenn die Sonne tief steht, kannst du mit einem fein gesprühten Wasserstrahl einen eigenen kleinen Regenbogen erzeugen.

Denk nach!

Zu Seite 134 und 135

Rätsel rund um die Sonne

Viele Völker haben sich schon seit mehreren tausend Jahren Gedanken über die Sonne gemacht.
Was bedeutet für dich die Sonne?

Lies was!

Zu Seite 130 und 131

Linnéa im Garten des Künstlers

Die beiden Schwedinnen Christina Björk und Lena Anderson haben zusammen drei schöne Bücher gemacht. In allen spielt die Natur die Hauptrolle. Wer Tipps für den Umgang mit Pflanzen haben will, sollte sich das Buch „Linnéa und die schnellste Bohne der Stadt“ ausleihen (gibt es auch als Taschenbuch). Darin ist unter anderem zu erfahren, wie aus einem Avokadokern ein Bäumchen wächst.

Mach was!

Zu Seite 127

Zeitungstexte

Wasser ist wichtig für unser Leben. Deshalb ist es auch immer wieder ein Thema in der Zeitung.
Legt in der Klasse eine Wassermappe an und sammelt, was ihr in der Zeitung zu dem Thema findet. Danach setzt ihr euch zusammen und wertet eure Funde aus.

Antworten auf die Fragen findest du in den Texten dieses Kapitels.

S. 135 Wer zählt die heiteren Stunden nur?

? In welchem Kaufhaus sagten drei Tanten: „Gleich geht es los“?

S. 127 Um wieviel Zentimeter steigt das Hochwasser in einer Stunde?

? Wo fährt eine Kuh auf einem Tretroller?

S. 128 Wer liebt die Frösche sehr?

? Wer macht Gewimmel am Himmel?

Zu Seite 123

Das Wasser

Zu diesem Gedicht könnt ihr gut zusammen spielen. Alle Kinder stehen im Kreis und halten die Hände hoch. Nun lasst es mit den Fingern regnen und geht anschließend in die Hocke. Dann tritt die Sonne in die Mitte. Sie berührt nacheinander die Wassertropfen. Diese stehen wieder auf, bewegen sich hin und her... Sicher fällt euch ein, wie ihr weiter spielen könnt. Übrigens wäre es toll, wenn einige Kinder dazu mit Instrumenten passende Geräusche machen könnten.

Zu Seite 128 und 129

Frösche

Igitt! Die Prinzessin im Märchen wollte nichts mit dem glitschigen Frosch zu tun haben. Heute schützen wir Frösche, weil wir wissen, was sie für unsere Umwelt bedeuten. In der Bücherei findest du bestimmt Sachbücher über Frösche.

230
240
250
260
Hier wurde eine Seeschlange von ungeheurer Größe gesehen
WESTWIND
Ungeheuer sind hier nicht selten
Utopia
Schlaraffenland
Meer der Finsternis
Fantasia
Atlantis
Die See wirkt hier ruhig ist aber voller Tücken
Liliput
25
24
23
22
N
NW
NO
W
O
SW
SO
S

Ärgerlich

Schon immer wollten welche
der Erde entfliehen:
Erfinder,
Konstrukteure,
Piloten,
Astronauten –
weit über die Wolken hinaus,
auf den Mond,
tief in den Weltraum hinein.

Und schon immer
waren andere früher dort gewesen:
Fantasten,
Träumer,
Geschichtenerzähler,
Geschichtenleser.

Hans Manz

Kein Schiff trägt uns gleich einem Buch
Ins Land der Fantasie.
Kein Pferd springt leichter als Papier
Mit zarter Poesie.
Die kostenlose Reise bleibt
Selbst Ärmsten nicht verwehrt.
Wie einfach doch der Wagen ist,
In dem die Seele fährt.

Emily Dickinson

Das Bordbuch des Christoph Columbus

September 1492

Im Alter von 46 Jahren enthüllte Christoph Columbus eines der größten Geheimnisse seiner Zeit: das Rätsel der Weltmeere. Im Jahre 1492 brach er mit drei Schiffen auf, um den Seeweg nach Indien zu finden. Statt dessen aber landete er nach 67 Tagen, nach einer Überfahrt voller Gefahren und Entbehrungen, in der noch unbekannten „Neuen Welt“: in Amerika!
Es war der 12. Oktober, als er seinen Fuß auf die Insel Guanahani setzte. Das Schiffstagebuch des Christoph Columbus, in dem er die lange und abenteuerliche Reise über das „Meer der Finsternis“ festhielt, gehört zu den spannendsten Ereignissen in der Geschichte der Seefahrt.

Sonntag, den 9. September

Gestern und in der vergangenen Nacht legten wir nur 36 Meilen zurück. Heute waren es 60. Ich trug weniger ein, damit die Mannschaft nicht allzu sehr den Mut verliert, falls die Fahrt länger als angenommen dauern sollte.
Den Mut! Ich sehe nur schreckensblasse Gesichter und angstgeweitete Augen. Sogar Tränen habe ich gesehen bei Seeleuten! Alle sind verzweifelt und glauben, dass sie ihre Heimat, ihre Frauen und Kinder nie wiedersehen werden. Ich weiß, was sie so bedrückt: dass es weit und breit kein Land mehr gibt. Ich bin der einzige, der deshalb jubeln möchte.

Montag, den 10. September

Heute ließ ich die Mannschaft zusammenrufen und sprach von den Ländern, die auf uns warten. Ich schilderte sie, wie ich sie aus dem Bericht Marco Polos kenne. Als ich die Reichtümer erwähnte, das Gold und die Edelsteine,

mit welchen sich ein jeder die Taschen würde füllen können, hellten sich die Mienen doch etwas auf.
Zugleich gab ich den Kapitänen den Befehl, den Weg nach Westen fortzusetzen, falls wir durch irgendeinen unvorhergesehenen Umstand getrennt werden sollten. Ich schärfte ihnen ein, nicht weiter als 700 Meilen zu fahren. Denn das ist nach meinen Berechnungen gewiss: dass wir nach 700 Meilen Fahrt auf Land stoßen werden.
Da die Angst immer größer werden wird, je mehr wir uns von der Heimat entfernen, werde ich dabei bleiben, zwei Berechnungen zu führen. Die eine, die richtige, werde ich sorgsam verschließen und nur für die Majestäten und mich behalten, die andere wird offen zur Einsicht für jedermann ausliegen. Dass ich hier weniger eintragen werde, versteht sich.

Donnerstag, den 13. September

Wüsste ich nicht, dass der Allmächtige schützend die Hand über mich hält, müsste nun auch ich den Mut verlieren. Ich stehe einem Rätsel gegenüber, auf das vor mir wohl noch kein Seefahrer gestoßen ist. Ich glaubte zu träumen. Ich schloss die Augen und öffnete sie wieder. Aber das half nichts. Die Magnetnadel wies, anstatt auf den Nordpol zu zeigen, ungefähr einen halben Strich nordwestlich. Eine Erklärung? Ich weiß keine. Und ich zittere vor der Stunde, da die anderen mich mit Fragen bestürmen werden. Gewiss werden sie behaupten, der Teufel selber lenke unsere Flotte.

Freitag, den 12. Oktober, 3 Uhr früh

Um zwei Uhr ertönte auf der „Pinta" ein Kanonenschuss. Ein Matrose, Rodrigo de Triana, sah das Land als Erster. Es liegt ganz nah vor uns, höchstens zwei Seemeilen entfernt. Ich habe den Befehl gegeben, die Segel einzuziehen und die Schiffe langsam treiben zu lassen.
Was werden wir zu sehen bekommen? Marmorbrücken? Tempel mit goldenen Dächern? Gewürzhaine? Menschen, die uns gleichen, oder irgendein fremdartiges Geschlecht von Riesen? Haben wir eine Insel oder Cipango erreicht?

Christoph Columbus

Gulliver in Liliput

Diese Geschichte ist eine wahre Geschichte. Sie geschah vor vielen, vielen Jahren. Ob es das Land der Liliputaner heute noch gibt, weiß ich nicht.
Ein einziger Mensch ist dort gewesen: Lemuel Gulliver. Als er von seiner Reise ins Land der kleinen Menschen zurückkehrte, zog er in England von Jahrmarkt zu Jahrmarkt. Dort erzählte er von den Abenteuern, die er auf der Insel Liliput erlebt hatte. Dann ging seine Frau mit einem großen Hut herum, um Geld einzusammeln.
Der Schiffsarzt Gulliver gab richtige Vorstellungen. Sie begannen immer so: „Kommen Sie, meine Damen und Herren, kommen Sie! Sperren Sie Ihre Ohren weit auf! So eine tolle Geschichte hört man nicht jeden Tag!“

Alles fing am 4. Mai 1699 an, als ich als Arzt auf dem Schiff „Antilope“ nach Ostindien segelte. Am Anfang ging die Reise gut. Dann aber kam ein fürchterlicher Sturm. Wellen, so groß wie Häuser, schlugen auf unser Schiff von allen Seiten. Das Schiff kenterte. Der Kapitän fiel ins Meer und ertrank.
Zum Glück konnte ich mich an einem Stück Holz fest halten.
Ich schwamm den ganzen Tag. Es war spät in der Nacht, als ich plötzlich Grund unter meinen Füßen spürte. Ich war an einem Strand. Todmüde, aber glücklich.

Ich bin gerettet, ich bin gerettet, dachte ich und watete an Land. Mir fiel nichts Besonderes auf. Die Insel schien unbewohnt. Gern hätte ich mich noch weiter umgesehen, meine nassen Kleider ausgezogen. Doch von meiner Müdigkeit überwältigt, legte ich mich ins Gras und schlief sofort ein. Als ich aufwachte, schien mir die Sonne hell ins Gesicht. Ich versuchte mich aufzurichten. Und ich stellte fest: Ich war gefesselt. Viele, viele Riemchen aus Leder hielten meinen Körper am Boden fest. Ich konnte nur meine Augen nach links und nach rechts drehen.

Was war mit mir geschehen? Wer hatte mich so gefesselt und warum? Ich bekam Angst. Ich schaute mich um, so gut es ging. Auf einmal sah ich sie: zu Hunderten. Es waren Menschen. Winzig kleine Menschen. Keiner war größer als mein Zeigefinger. Und sie waren bewaffnet. Mit kleinen Schwertern, mit Pfeilen und Bogen. Sie hatten mehrere Holzleitern an meine Arme und Beine angelehnt. Einige marschierten auf meinem Bauch.

Ich schrie vor Angst. Das war ein großer Fehler. Nun prasselten Hunderte von ihren Pfeilen in mein Gesicht. Das tat schrecklich weh, so als ob man mich mit Brennnesseln geschlagen hätte.

„Ich ergebe mich!“, rief ich. Dann blieb ich ganz ruhig liegen und machte keine Anstalten mehr, mich zu befreien.

Ich stellte mir vor, dass die Winzlinge auch Angst vor mir hatten. Für sie war ich ein großes Ungeheuer. Dass sie mich gefesselt hatten, zeigte, dass sie klug und mutig waren. Mit klugen und mutigen Menschen kann man sich gut verständigen. Ich war sicher: Sie hatten niemals vorher so einen großen Menschen wie mich gesehen. Ich hatte auch nie gedacht, dass es solche kleinen Menschen wie sie gäbe. Ich musste ihnen jetzt zeigen, dass ich ein friedlicher Riese war. Und dass ich keine bösen Absichten hatte.

Ich lächelte. Sie lächelten auch. Ich lächelte wieder. Sie lächelten noch einmal. Jetzt begannen wir zusammen zu lachen. Gut, dass die Menschen lachen können, dachte ich. Und dann ließen sie mich allein. Viele Stunden. Ich dachte: Sie werden mich doch nicht verhungern und verdursten lassen?

Jonathan Swift

Nils Holgersson

Selma Lagerlöf war eine schwedische Lehrerin, die als Schriftstellerin sehr bekannt wurde. Sie bekam 1906 den Auftrag, ein Erdkundebuch für Schulkinder zu schreiben. Da dachte sie sich das Märchen von Nils Holgersson aus. In ein Wichtelmännchen verzaubert, fliegt Nils auf einem Gänserich von Südschweden bis nach Lappland. Mit ihm erfahren die Kinder von den Menschen, der Geschichte und den landschaftlichen Schönheiten Schwedens.

Die Wildgänse

Nils konnte es schier nicht glauben, dass er in ein Wichtelmännchen verwandelt worden war. „Das ist gewiss nur ein Traum, eine Einbildung“, dachte er. „Wenn ich ein wenig warte, werde ich wieder ein Mensch sein.“ Er stellte sich vor den Spiegel und schloss die Augen. Erst nach ein paar Minuten wagte er sie zu öffnen und erwartete nun, dass der Spuk vorbei sei. Aber das war nicht der Fall, er war noch ebenso klein wie vorher. Sein weißes Flachshaar, die Sommersprossen auf seiner Nase, die Flicken auf seinen Lederhosen und das Loch im Strumpf – alles war wie vorher, nur sehr, sehr verkleinert.

Von allem war er nun geschieden: Er konnte nicht mehr mit andern Jungen spielen, konnte niemals das Gütchen von seinen Eltern übernehmen und es war ganz und gar ausgeschlossen, dass sich je ein Mädchen entschließen würde ihn zu heiraten.
Es war wunderschönes Wetter, rings um ihn her murmelte und knospte und zwitscherte es. Aber ihm war das Herz schwer. Nie wieder würde er sich über etwas freuen können. Er meinte, den Himmel noch nie so dunkelblau gesehen zu haben wie an diesem Tag. Zugvögel kamen dahergeflogen. Sie kamen vom Ausland, waren über die Ostsee gerade auf Smygehuk zugesteuert und waren jetzt auf dem Weg nach Norden. Es waren Vögel verschiedenster Art, aber er kannte nur die Wildgänse, die in zwei langen, keilförmigen Reihen flogen.
Schon mehrere Scharen Wildgänse waren so vorübergeflogen. Sie flogen hoch droben, aber er hörte doch, wie sie riefen: „Jetzt geht's auf die Fjälls! Jetzt geht's auf die Fjälls!"
Sobald die Wildgänse die zahmen Gänse sahen, die auf dem Hof umherliefen, ließen sie sich sinken und riefen: „Kommt mit, kommt mit! Jetzt geht's auf die Fjälls!"
Bei einem jungen Gänserich hatten die Zurufe ein wahres Reisefieber geweckt.
„Wenn noch eine Schar kommt, fliege ich mit!", rief er.
Jetzt kam eine neue Schar und rief wie die anderen. Da schrie der junge Gänserich: „Wartet, wartet, ich komme mit!" Er breitete seine Flügel aus und erhob sich.
Aber er war des Fliegens so ungewohnt, dass er wieder auf den Boden zurückfiel.
Die Wildgänse mussten seinen Ruf gehört haben. Sie machten kehrt und flogen langsam zurück, um zu sehen, ob er mitkäme.
„Wartet! Wartet!", rief er und machte einen neuen Versuch. All das hörte der Junge auf dem Mäuerchen. „Es wäre jammerschade, wenn der große Gänserich fortflöge", dachte er. „Vater und Mutter würden sich grämen, wenn er bei ihrer Rückkehr von der Kirche nicht mehr da wäre." Während er dies dachte, vergaß er wieder, dass er klein und ohnmächtig war. Er sprang von dem Mäuerchen hinunter, lief mitten in die Gänseschar hinein und umschlang den Gänserich mit seinen Armen. „Das wirst du schön bleiben lassen, von hier wegzufliegen, hörst du!", rief er.
Aber gerade in diesem Augenblick hatte der Gänserich herausgefunden, wie er es machen müsse, um vom Boden loszukommen. In seinem Eifer nahm er sich nicht die Zeit, den Jungen abzuschütteln – dieser musste mit in die Luft hinauf.
Es ging so schnell aufwärts, dass dem Jungen schwindlig wurde.
Ehe ihm klar wurde, dass er den Hals des Gänserich loslassen müsse, war er schon so hoch droben, dass er gestorben wäre, wenn er jetzt hinuntergestürzt wäre.

Das Einzige, was er unternehmen konnte, um in eine etwas bequemere Lage zu kommen, war, auf den Rücken des Gänserichs zu klettern.
Und er kletterte wirklich hinauf, wenn auch mit großer Mühe. Aber es war gar nicht leicht, sich auf dem glatten Rücken zwischen den beiden schwingenden Flügeln festzuhalten. Er musste mit beiden Händen tief in die Federn und den Flaum hineingreifen, um nicht herabzugleiten.
Als der Junge schließlich hinuntersah, meinte er unter sich ein großes Tuch ausgebreitet zu sehen, das in eine unglaubliche Menge großer und kleiner Vierecke eingeteilt war.
„Wohin in aller Welt bin ich nun gekommen?", fragte er sich.
Er sah nichts weiter als Viereck an Viereck. Manche hatten schräge Kanten, andere waren länglich, aber überall waren Ecken und gerade Ränder.
Nichts war rund, nichts gebogen.
„Was ist denn das da unten für ein großes gewürfeltes Tuch?"
„Äcker und Wiesen! Äcker und Wiesen!"
Da begriff der Junge, dass das große gewürfelte Tuch, über das er hinflog, der flache Erdboden von Schonen war. Und er begann zu verstehen, warum es so gewürfelt und farbig aussah.

Selma Lagerlöf

Ferne Länder

Wer stieg auf und hockte sich
In den Kirschbaum? Das war ich.
Saß dort, stolz wie ein Verschwender,
Und sah hinab auf fremde Länder.

Auf Blumengärten, reich geschmückt,
Hab ich von dort hinabgeblickt,
Sah andre hübsche Plätze mehr,
Die ich gesehen nie vorher.

Der Fluss floss blau durch Schilf und Gras,
Als wär's des Himmels Spiegelglas.
Die Straßen liefen krumm und grad,
Und Menschen gingen in die Stadt.

Wenn dieser Baum noch höher wär,
Säh ich viel weiter und viel mehr.
Bis dahin, wo der Fluss verbreitet
Ins Meer mit seinen Wassern gleitet.

Dorthin, wo links und rechterhand
Die Straßen gehn ins Märchenland,
Wo man kein Mittagsmahl vergisst
Und Spielzeug quicklebendig ist.

Robert Louis Stevenson

Camping

„Hallo, Jungens!“, hat Joachim gerufen, als wir aus der Schule kamen. „Wie wär’s – machen wir morgen Camping?“
„Camping? Was ist das denn?“, hat Chlodwig gefragt. Bei Chlodwig gibt es immer was zu lachen, der weiß nie, was los ist.
„Camping? Camping ist prima“, hat Joachim erklärt, „ich habe vorigen Sonntag Camping gemacht, mit meinen Eltern und ihren Freunden. Man fährt mit dem Auto richtig weit weg aufs Land, man sucht sich ‘ne hübsche Ecke, nahe an einem Fluss, man baut die Zelte auf, macht Feuer für das Mittagessen und dann kann man baden gehen oder angeln oder man schläft im Zelt und es gibt ‘ne Menge Mücken, und wenn es zu regnen anfängt, dann macht man, dass man wieder ins Auto kommt.“
„Ich darf nicht“, hat Max gesagt, „die lassen mich zu Hause nicht machen, was ich will, und schon gar nicht, wenn ein Fluss in der Nähe ist.“
„Quatsch!“, hat Joachim gesagt. „Wir tun doch nur so! Wir machen Camping auf unserem Platz!“
„Und das Zelt? Hast du vielleicht ein Zelt?“, hat Franz gefragt.
„Na klar“, hat Joachim gesagt, „also was ist – einverstanden?“

Am Donnerstag waren wir alle auf dem Bauplatz – ich weiß nicht, ob ich das schon erzählt habe: Ganz in der Nähe von dem Haus, wo ich wohne,

ist ein prima Platz, es gibt leere Kisten und Papier und Steine und alte Pappschachteln und Flaschen und böse Katzen und ein ganz altes Auto, das keine Räder mehr hat, aber trotzdem – das Auto ist prima! Joachim ist als letzter gekommen und er hat eine gefaltete Decke über dem Arm getragen.
„Und wo ist das Zelt?“, hat Franz gefragt.
„Hier!“, hat Joachim gesagt und er hat uns die Decke gezeigt, aber die war ganz alt, hatte ‘ne Menge Löcher und überall Flicken.
„Pöh – das ist doch kein richtiges Zelt!“, hat Roland gerufen.
„Du glaubst wohl, mein Papa gibt mir unser nagelneues Zelt raus, wie?“, hat Joachim gesagt. „Mit der Decke können wir so tun, als ob es ‘n Zelt wär.“
Und dann hat Joachim gesagt, zuerst müssen wir alle ins Auto steigen, wer Camping machen will, der muss zuerst mit dem Auto fahren.
„Das stimmt überhaupt nicht!“, hat Georg gerufen. „Ich hab einen Vetter, der ist bei den Pfadfindern, und der geht immer zu Fuß!“
„Wenn du zu Fuß gehen willst – bitte!“, hat Joachim gesagt.
„Wir fahren jedenfalls mit dem Auto und wir sind viel früher da als du!“
„Und wer fährt?“, hat Georg gefragt.
„Ich natürlich“, hat Joachim geantwortet.
„Und warum gerade du, bitte schön?“, hat Georg gefragt.

„Ich hab die Idee gehabt mit dem Camping-Spielen. Und ich habe auch das Zelt mitgebracht, darum“, hat Joachim gesagt. Georg, der ist nicht so richtig einverstanden gewesen, aber wir haben gesagt, er soll kein Theater machen und wir müssen uns beeilen, dass wir bald das Zelt aufschlagen können. Wir sind alle ins Auto gestiegen, das Zelt haben wir auf das Dach gepackt, und dann haben wir alle „bremm … bremm …“ gemacht. Und dann hat Joachim gesagt: „Die Ecke da drüben sieht hübsch aus. Hier bleiben wir!“ Wir haben alle aufgehört „bremm … bremm“ zu machen und wir sind ausgestiegen. Joachim hat sich umgesehen, und er hat ein zufriedenes Gesicht gemacht.

„Sehr gut. Nehmt das Zelt runter, hier haben wir's nicht weit bis zum Fluss.“

„Wo ist denn hier ein Fluss?“, hat Roland gefragt.

„Ach, Mann – hier muss ein Fluss sein“, hat Joachim gesagt.

Na ja, wir haben das Zelt runtergenommen und aufgebaut und Joachim hat zu Georg und Chlodwig gesagt, sie sollen zum Fluss runtergehen, Wasser holen und dann sollen sie so tun, als ob sie Feuer machen, fürs Mittagessen.

Das ist gar nicht so einfach gewesen das Zelt aufzubauen, aber wir haben einfach ein paar Kisten aufeinandergestellt und die Decke drübergezogen. Große Klasse!

„Das Essen ist fertig!“, hat Georg gerufen.

Unter dem Zelt war es ganz unheimlich klasse, wir haben ganz eng zusammengesessen und es war ziemlich warm, aber wir haben 'ne Menge Spaß gehabt. Natürlich, geschlafen haben wir nicht, nämlich, da war gar nicht genug Platz zum Schlafen. Wir haben einfach so unter dem Zelt gesessen und Otto hat gefragt: „Und was macht man jetzt?“

„Wieso? Nichts!“, hat Joachim gesagt. „Wer will, der kann schlafen, die anderen können zum Fluss gehen und baden. Beim Camping kann jeder machen, was er will – das ist gerade das Gute.“

Das war ganz prima, das Camping-Spiel, und wir sind alle ganz müde und zufrieden zu Hause angekommen. Unsere Papas und Mamas haben natürlich ein bisschen geschimpft, weil wir zu spät zum Abendbrot gekommen sind. Aber das war ganz ungerecht – was kann man denn dafür, wenn man auf dem Rückweg in einen Verkehrsstau kommt!

René Goscinny

Ein europäisches Klatschspiel

Beim Singen dieses Liedes klatschen sich die Kinder gegenseitig in die Hände. Man kennt es in ganz Europa, doch überall singen und sprechen die Kinder es etwas anders. Der Text ergibt jedoch in keinem Land einen Sinn.

aus München (Deutschland)

aus Harnes (Frankreich)	Dans la maison sous terre, oma oué, oma oué, o oué, o oué, o ouistiti, o oué o oué o ouistiti, un, deux, trois!
aus Budapest (Ungarn)	Antante te o flora, omana, oma, nao, nao szisziszi, onao, nao szisziszi, o man dzi fix!
aus Basel (Schweiz)	Oh mageron on zeno, Mariann, Mariann, teo, teo zim zim zim, one, two, three!
aus Barcelona (Spanien)	Son macaron, Marion, Marion, leo, leo cicici, un, dos, tre!
aus Athen (Griechenland)	O Mariam, Mariam, Mariam, si, do, re, mi, makaró, makaró, léo, léo, pi, pi, pi, one, two, three!

NIKOS LESETIPPS

Mach was!

Zu Seite 144 und 146
Nils Holgersson

Stell dir vor, du würdest wie Nils Holgersson auf einem Vogel über dein Dorf oder deine Stadt fliegen. Wie sieht wohl die Schule, der Spielplatz oder dein Zuhause von oben aus?
Male deine Umgebung aus der Vogelperspektive.

Denk nach!

Zu den Texten des Kapitels

Manche Menschen fühlen sich nur an ihrem Heimatort wohl. Andere möchten ständig unterwegs sein. Wie ist das bei dir?

Lies was!

Zu Seite 148 und 149
Camping

Die Figur des kleinen Nick, der hier mit seiner Bande Camping spielt, ist wohl jedem französischen Kind bekannt.
Der Franzose René Goscinny hat mehrere Bücher mit den oft frechen Abenteuern der Bande geschrieben. Selbst wenn du noch keine Nick-Geschichten kennst, Goscinny wirst du kennen:
Er hat sich die Handlungen der Asterix-Comics ausgedacht, die sein Freund Uderzo dann zeichnete.

Schlag nach!

Zu Seite 140 und 141
Christoph Columbus

Schlage im Lexikon nach, was du über Columbus findest.
Schau auch ins Internet.
Vielleicht hilft dir die Suchmaschine von www.blinde-kuh.de

Such was!

Antworten auf die Fragen findest du in den Texten dieses Kapitels.

S. 144 Selma Lagerlöf hat die Geschichte von Nils Holgersson geschrieben. Welchen Beruf hatte sie eigentlich?

S. 139 Wer war vor den Astronauten auf dem Mond?

S. 143 Was ist gerade das Gute beim Camping?

? Wodurch gewann Gulliver das Vertrauen der kleinen Menschen?

S. 141 Was geschah am Freitag, den 12. Oktober 1492 um 3 Uhr früh?

? Wie viele Kinder machen beim Camping mit?

Schreib was!

Zu Seite 142 und 143

Gulliver in Liliput

Gulliver ist in Liliput, einem Land mit ganz kleinen Menschen, gelandet.

- Stell dir die Situation vor, Gulliver liegt gefesselt im Gras und viele kleine Menschen klettern auf ihm herum. Nimm deinen Zeichenblock quer und male diese komische Situation.
- Es hätte auch ganz anders kommen können. Was hätte Gulliver erlebt, wenn er in Gigantiput gelandet wäre, wo nur riesenhafte Menschen wohnen? Male auch diese Situation.

Lies was!

Zu Seite 140 und 141

Christoph Columbus

In der Bücherei findest du bei den Sachbüchern bestimmt etwas über Christoph Columbus. Es gibt auch preiswerte Taschenbücher mit vielen schönen Illustrationen.

Über die Erde

Über die Erde
sollst du barfuß gehen.
Zieh die Schuhe aus,
Schuhe machen dich blind.
Du kannst doch den Weg
mit den Zehen sehen.
Auch das Wasser
und den Wind.

Sollst mit deinen Sohlen
die Steine berühren,
mit ganz nackter Haut.
Dann wirst du bald spüren,
dass dir die Erde vertraut.

Spür das nasse Gras
unter deinen Füßen
und den trockenen Staub.
Lass dir vom Moos
die Sohlen streicheln und küssen
und fühl
das Knistern im Laub.

Steig hinein,
steig hinein in den Bach
und lauf aufwärts
dem Wasser entgegen.
Halt dein Gesicht
Unter den Wasserfall.
Und dann sollst du dich
in die Sonne legen.

Leg deine Wange auf die Erde,
riech ihren Duft und spür,
wie aufsteigt aus ihr
eine große Ruh.
Und dann ist die Erde
ganz nah bei dir,
und du weißt:
Du bist ein Teil von allem
und gehörst dazu.

Martin Auer

Das wandernde Bäumlein

Vor einiger Zeit habe ich ein Bäumlein – eine dünnstämmige, doch schon kräftige kleine Buche – wandern gesehen. Nein, ich spinne nicht. Meine Fantasie geht nicht mit mir durch. Das Bäumlein ist uns durchgegangen. Und wie!

Es begann damit, dass es als Keimling durch eine Buchecker stieß und wie ein bleicher Regenwurm aus der Erde guckte. Die Sonne – endlich schien sie mal! – zog an dem Würmchen, wärmte es, und nach einiger Zeit trieb es winzige Blätter. Natürlich brauchte es die Hilfe der guten Waldgeister, der plattschwänzigen Schrate, der krummschwänzigen Trolle, der Erdmännchen und Elfen. Zum Beispiel könnte ein Reh oder ein Hase es entdecken und auffressen. Aus wär's mit dem Bäumlein.
Es kam jedoch durch und wuchs. Und begann seine Wanderschaft. Dabei half ihm der Förster. Er grub das Pflänzchen aus und erklärte es zum Setzling. Ein Setzling sitzt nach der Vorstellung von Menschen, die eben wie Menschen denken und nicht wie Bäume, in einer Baumschule. Da kann sich die kleine Buche nur schütteln. Für sie gibt es keine Schule. Sie braucht das Wachsen und das Blätterkriegen nicht zu lernen. Sie kann es. Und sie wächst – mit Schwung!

Nach zwei Jahren gräbt der Förster sie wieder aus und bringt sie zu dem Platz, den er extra für sie ausgewählt hat. Da soll sie bleiben, mächtig werden und Schatten spenden.
Die Buche lernt alle Wetter kennen und alle Winde. Sie wird immer kräftiger und geschmeidiger. Sie richtet sich für ein langes, standfestes Buchenleben ein. Aber da hat sie mit den Menschen nicht gerechnet. Eines Tages sieht sie sich von Maschinen umstellt.
Es sind Baumaschinen. Erde wird aufgerissen. Die Bagger haben sich schon bis an ihre Wurzeln gefressen. Im letzten Augenblick rettet sie der Förster. Fluchend gräbt er das Bäumlein aus, legt es vorsichtig auf den Anhänger und fährt mit ihm tiefer in den Wald hinein.
Wieder muss es Fuß fassen, Wurzeln schlagen. Doch die Wurzeln schmerzen und krümmen sich. Sie vertragen diese Erde nicht. Die kleine Buche lässt die Blätter hängen. Die Rinde beginnt sich vom Stamm zu schälen. Es ist beinahe zu spät, als der Förster sie besucht. Er gräbt sie wieder aus und entdeckt lauter Unrat in der Erde, Abfall, den die Menschen dort verscharrt haben.
Es muss doch mal gutgehn, Bäumlein, sagt der Förster und trägt es an den Waldrand. Dort wächst sie weiter. Sie wird ein stattlicher Baum. Nun beobachtet sie mit Schrecken, dass am Waldrand Häuser gebaut werden.
Sie mag es, wenn Kinder um sie herum spielen oder wenn sich jemand in ihren Schatten legt. Dazu ist sie auch da. Sie fragt sich, wie lange es dauern wird, bis die Maschinen den Wald erreicht haben. Was dann geschieht?
Zum Wandern ist sie nun zu groß.
Sie muss bleiben.
Sie muss abwarten.
Sie möchte noch lange wachsen.
Sie fragt sich, ob die Menschen ab und zu auch an ihre stummen Nachbarn, die Bäume, denken.

Peter Härtling

Spätschichttage sind Spaghettitage

Den Wohnungsschlüssel findet Helga in ihrer Schultasche. Schnell die Tür aufgeschlossen. „Gabi!“, ruft sie. Aber die Schwester antwortet nicht. Kann sie auch gar nicht, fällt Helga ein. Heute ist Donnerstag. Gabi hat länger Schule. Auf dem Esstisch liegt ein Zettel: „Liebe Helga. Geh bitte zum Kaufmann! Wir brauchen einen Liter Milch, ein Stück Butter, ein viertel Pfund Leberwurst und zehn Eier. Grüße, Mutti.“
Das Geld liegt abgezählt neben dem Einkaufszettel. Helgas Mutter schafft das Einkaufen nicht. Sie arbeitet ja bis Mittag in der Bank. Helga weiß noch genau, wann sie dort angefangen hat. Das ist erst drei Monate her. Eigentlich wollte sie nicht, dass ihre Mutter zur Arbeit geht. Aber Mutter hat Helga erklärt: „Weißt du … mein Gehalt können wir gut gebrauchen. Wir möchten uns doch mal eine größere Wohnung leisten. Die wird teurer als diese hier.“
Eine größere Wohnung wäre schön, hat Helga gedacht. So eine mit einem Zimmer für mich. Aber dass Mutter deswegen arbeitet und mittags nicht da ist, das will ich nicht.
Ihre Mutter hat aber noch was gesagt: „Ich arbeite nicht nur, damit wir mehr Geld haben. Wirklich. Du … ich möchte einfach öfter unter Leute kommen, nicht nur den Haushalt haben, was anderes hören und sehen … Verstehst du das?“
„Nee!“ Helga hat den Kopf geschüttelt. Wieso muss ihre Mutter unter Leute kommen, was anderes hören und sehen? Sie hat Helga, Gabi und Papi. Da sind doch drei Leute. Die reden wirklich genug.
Als ihre Mutter gemerkt hat, dass Helga das nicht versteht, hat sie

gesagt: „Du möchtest bestimmt auch nicht immer nur hier zu Hause sein. Das wär dir sicher langweilig.“ Da hat Helga gestaunt. Sie hätte nämlich nie gedacht, dass es ihrer Mutter zu Hause genauso langweilig werden könnte wie ihr.

Jedenfalls arbeitet Mutter jetzt wieder als Bankkaufmann. Den Beruf hat sie nach ihrer Schulzeit gelernt.

Helga sagt: „Du bist kein Bankkaufmann. Du bist eine Bankkauffrau.“

Zu Helgas Mutter kommen Leute, die Geld übrig haben. Sie zahlen es auf ein Bankkonto ein. „Bei uns liegt das Geld sicherer als zu Hause“, sagt Helgas Mutter. „Wenn man sein Geld wieder braucht, bekommt man sogar mehr zurück, als eingezahlt wurde. Das sind die Zinsen. Die gibt's dafür, dass die Bank das Geld eine Zeit lang benutzen durfte.“

In der Schalterhalle ist oft eine Menge Betrieb. An einigen Schaltern wird Geld entgegengenommen und ausgezahlt. An anderen bekommt man zum Beispiel ausländisches Geld oder man kann sich Geld leihen. Helga bringt manchmal ihre Sparbüchse zur Bank. Natürlich geht sie damit zu ihrer Mutter. Die tut dann so, als würde sie Helga gar nicht kennen und fragt: „Was möchten Sie bitte?“ Dazu zwinkert sie und Helga lacht. Die Kollegen ihrer Mutter lachen mit.

Ihre Mutter ist immer sehr freundlich zu den Kunden. „Wenn die unfreundlich sind, strengt das ziemlich an“, sagt sie. Helga merkt, ob besonders viele Leute unfreundlich waren. Dann kommt ihre Mutter mit schlechter Laune nach Hause. Schade, dass Papi nachher nicht beim Mittagessen da ist, denkt Helga. Er kommt erst um halb fünf. Hat er besonders viel zu tun, macht er Überstunden. Dann kann es sogar sechs oder sieben Uhr werden. Aber wenn er Spätschicht hat, isst er mittags zu Hause. Und danach geht er zur Arbeit. Dafür kommt er leider auch erst nachts zurück, wenn Helga schläft. An solchen Tagen kocht Papi das Mittagessen. Sie steht dann neben ihm in der Küche. Er kocht gerne Spaghetti. Und Helga isst gerne Spaghetti. Spätschichttage sind also oft Spaghettitage. Deswegen sagt sie: „Bis zum Mittagessen find ich's gut, dass Papi Spätschicht hat.“ Bestimmt könnte er ein guter Spaghettikoch von Beruf sein. Aber er ist Buchdrucker in einer großen Druckerei. Seine Kollegen und er drucken Bücher, Plakate und Prospekte. „Druck doch mal Geld! Das bring ich Mutti zur Bank“, hat Helga vorgeschlagen. Ihr

Vater hat gelacht: „Das darf ich nicht. Geldfälschen ist verboten.“ Helgas Vater steht an einer großen Druckmaschine. Sie hat viele Hebel und Knöpfe, die er bedient. Auf der einen Seite wird das weiße Papier in die Maschine gezogen. Dann presst sie das Papier auf eingefärbte Buchstaben oder Bilder. „Die kannst du dir wie Stempel vorstellen“, hat Vater erklärt. Bedruckt kommt das Papier auf der anderen Seite der Maschine heraus. Blitzschnell geht das. Helgas Vater passt auf, dass seine Finger nicht zwischen die Walzen der Maschine kommen. Einmal hat er erzählt: „Die Maschine macht so einen Krach, dass ich fast brüllen muss, damit man mich versteht. Helga merkt abends, dass ihr Vater erst mal lauter spricht. Als würden die Krachmaschinen zu Hause immer noch stampfen. Drei Jahre hat er seinen Beruf gelernt. Danach macht man die Gehilfenprüfung. In zwei oder drei Jahren möchte Helgas Vater Druckmeister werden. Dafür muss er wieder eine Prüfung bestehen.
Helga guckt auf die Küchenuhr. Ich soll einkaufen, fällt ihr ein. Bald kommt ihre Mutter. Hoffentlich hat sie ein bisschen Zeit zum Quatschen. Aber oft gibt es für sie zu Hause erst mal so viel zu tun, dass sie nur wenig Zeit hat. Zum Glück sind die Banken am Sonnabend geschlossen, denkt Helga. Und an Sonntagen sowieso. Nur schade, dass in der Druckerei auch Sonnabend manchmal gearbeitet wird.

Achim Bröger

Das Sams im Kaufhaus

Am Montagmorgen wurden beide durch das Klingeln des Weckers geweckt.
Das Sams war sofort hellwach, setzte sich auf und quietschte: „Kaufhaus, Kaufhaus, wir gehen jetzt ins Kaufhaus!“
„Meinetwegen“, stimmte Herr Taschenbier zu. Er war gut gelaunt, weil er nicht arbeiten musste.
„Bekomme ich Kleider?“, fragte das Sams aufgeregt.
„Ja“, sagte Herr Taschenbier, „ich weiß nur noch nicht, wie ich dich hineinbringen soll.“
„Natürlich im Rucksack“, sagte das Sams. Es stieg in den Rucksack, Herr Taschenbier schulterte ihn und sie fuhren zusammen zum Kaufhaus.
Im ersten Obergeschoss fand Herr Taschenbier die Abteilung, über der in großen Buchstaben Kinder-Oberbekleidung stand, blieb stehen und blickte sich um.
Sofort kam ein Verkäufer auf ihn zugestürzt und fragte: „Womit kann ich dienen, der Herr?
„Ich hätte gern etwas anzuziehen für das da!“, erwiderte Herr Taschenbier. Er setzte den Rucksack ab, schnürte ihn auf und hob das Sams heraus. Als der Verkäufer das Sams sah, machte er den Mund vor Verblüffung weit auf. Aber gleich darauf hatte er sich wieder gefasst. „Bist du ein Junge oder ein Mädchen?“
„Na ja, sagen wir mal: ein Junge“, erklärte Herr Taschenbier dem Verkäufer.
„Dann soll er einmal mit mir kommen, der Junge!“
Aber das Sams war im Augenblick zu beschäftigt um mitzukommen. Es hörte auf die Musik, die aus den Lautsprechern kam. „Schön hier, Papa“, sagte es und verdrehte die Augen. Aus den Lautsprechern ertönte ein Gongschlag und eine weibliche Stimme sagte: „Vergessen Sie nicht, Käse aus Holland mitzunehmen! Unser Sonderangebot: Käse aus Holland.“
„Käse, was ist denn das?“, fragte das Sams mit großen Augen. „Du weißt nicht, was Käse ist?“, fragte der Verkäufer erstaunt. Das Sams schüttelte den Kopf.
„Unten, in der Lebensmittelabteilung, liegen auf einem Tisch so große, rote Kugeln. Das ist Käse, Kleiner“, erklärte der Verkäufer. „Kugelkäse!“, rief das Sams, rannte zur Rolltreppe und fuhr hinab. Geich darauf hörte man von unten einen lauten Schrei, dann kam das Sams wieder heraufgefahren mit einer riesigen Käsekugel in den Händen.
„Schmeckt gut“, rief es und biss kräftig hinein. „Das ist glatter Diebstahl“, schrie der Verkäufer. „Du kannst doch nicht einfach den Käse mitnehmen.“

„Die Frau da oben hat doch gesagt, wir sollen nicht vergessen, ihn mitzunehmen", verteidigte sich das Sams und wies an die Decke, wo die Lautsprecherstimme erklungen war.

„Wenn Sie zahlen, werde ich den Vorfall vergessen. Schließlich ist bei uns der Kunde König", sagte der Verkäufer.
„Wer ist König?", fragte das Sams.
„Der Kunde!", erklärte der Verkäufer.
„Was ist das, ein Kunde?", fragte das Sams weiter.
„Jeder, der bei uns kauft, ist ein Kunde."
„Du, Papa, ich bin König!", schrie das Sams begeistert.
Der Verkäufer zeigte Herrn Taschenbier einen dunkelblauen Anzug.
Und zum Sams sagte er: „Willst du nicht hineinschlüpfen, Junge?"
„Zu einem König sagt man ‚Majestät' ", erklärte das Sams hoheitsvoll.
Der Verkäufer holte sein geblümtes Taschentuch aus der Jackentasche und tupfte sich die Stirn ab. Dann gab er sich einen Ruck und sagte:
„Würden Majestät einmal in den Anzug schlüpfen?"
Das Sams tat es. „Darf man in diesem Anzug auch einatmen?", fragte es scheinheilig. „Aber natürlich, Majestät. Was für eine dumme Frage", antwortete der Verkäufer.
Das Sams holte tief Luft, sein Trommelbauch wölbte sich nach außen, es krachte und der Anzug war von oben bis unten entzweigerissen.
„Schlechter Stoff, nichts zum Anziehen, höchstens zum Essen."
„Was hast du mit dem Anzug gemacht?", rief der Verkäufer verzweifelt.
Er blickte sich um und versteckte den zerrissenen Anzug im Papierkorb.
Dann verschwand er und es dauerte eine ganze Weile, bis er wiederkam.
Er hatte einen Taucheranzug aus Gummi aus der Sportabteilung geholt.
„So", sagte er, „der wird auf jeden Fall passen. Gummi dehnt sich."
„Das ist ja ein Taucheranzug", sagte Herr Taschenbier verwundert.
„Was haben Sie dagegen?", fragte der Verkäufer. „Schließlich ist das unser neuestes Modell, brandneu!"
„Brandneu?", fragte das Sams, „wo brennt es denn?"

„Hier brennt es“, antwortete der Verkäufer und tippte sich mit dem Finger an die Stirn.
„Feuer, Feuer!“, schrie ein Kunde.
Das Sams hüpfte begeistert hin und her und sang:
„Feuer, Feuer,
Ungeheuer,
Heißes Feuer!
Kommt und rennt,
Denn es brennt!
Leute, Leute,
Kommt gerannt!
Dieser Herr
Ist angebrannt.“

Im Nu hatte sich der Alarmruf im Kaufhaus fortgepflanzt. Ein geistesgegenwärtiger Verkäufer hatte die Alarmanlage angestellt, ein anderer kam mit einem Wasserschlauch angerannt.
„Au fein, Wasser“, sagte das Sams zufrieden und schlüpfte in seinen Gummianzug.
„Wo brennt es denn?“, fragte der Verkäufer mit dem Wasserschlauch tatendurstig.
„Bei dem Herrn dort“, rief das Sams und wies auf den schreienden Verkäufer.
„Verschwinde!“, brüllte der in höchstem Zorn, ergriff die Käsekugel, die noch auf dem Stuhl lag, und warf sie nach dem Sams.
„Tooor!“, schrie das Sams, bückte sich, die Kugel flog in hohem Bogen über die Rolltreppe ins Erdgeschoss und landete krachend auf einem Verkaufstisch, auf dem Bonbons, Schokolade, Kaugummis und andere Süßigkeiten aufgetürmt waren. Die Sachen wurden meterweit durch die Luft geschleudert. Das war ganz nach dem Herzen der Kinder. Sie kümmerten sich nicht mehr um den Feueralarm, sammelten die Sachen auf und steckten sich Mund und Taschen voll. Alle liefen kopflos durcheinander.
Herr Taschenbier fasste das Sams an der Hand und zog es durch das Gewimmel nach draußen. Das Sams strich seinen Taucheranzug glatt und kletterte auf Herrn Taschenbiers Arm und sagte hingerissen: „Also, Papa, ich habe mir das Kaufhaus schon schön vorgestellt. Aber dass es dort sooo schön ist, hätte ich mir doch nicht träumen lassen!“

Paul Maar

Der bewegliche Bürgersteig

Auf dem Planeten Beh hat man jetzt eine merkwürdige Sache erfunden: den beweglichen Bürgersteig. Er dreht sich um die ganze Stadt, man könnte auch sagen, er fährt ...
So, wie eine Rolltreppe ungefähr. Nur, dass es eben keine Rolltreppe ist, sondern ein Bürgersteig, der sich ziemlich langsam bewegt, damit die Leute, die auf ihm stehen, auch Zeit haben, in Ruhe Schaufenster anzugucken, und damit alle, die auf- und abspringen wollen, nicht das Gleichgewicht verlieren.
Auf diesem Bürgersteig stehen auch Bänke für Leute, die lieber sitzend fahren wollen, und für die Alten und die Hausfrauen mit ihren schweren Einkaufstaschen. Auf dem Planeten Beh können jetzt die Alten, wenn sie nicht mehr immerzu den gleichen Baum in den Anlagen ansehen wollen, einfach eine Kreuzfahrt auf dem beweglichen Bürgersteig machen, da sitzen sie bequem und sind ganz fein heraus. Der eine liest seine Zeitung, der andere raucht seine Zigarre oder sie tun gar nichts und ruhen nur aus.
Seit der Erfindung des beweglichen Bürgersteiges sind alle Straßenbahnen, Omnibusse und Autos abgeschafft worden. Straßen gibt es noch, aber die sind immer leer und nur noch dazu da, damit die Kinder nach Herzenslust Fußball spielen können. Wehe dem Schutzmann, der sie von dort vertreiben will! Er muss sofort Strafe bezahlen.

Gianno Rodari

Urlaubsfahrt

frühgeweckt gefrühstückt raus
winke winke schlüssel haus
autobahnen autoschlange
kinderplappern mama bange
koffer koffer kindertragen
flaschen taschen puppenwagen
papa mama koffer kinder
autokarte notlichtblinker
schlange kriechen sonne heiß
stinken staub benzin und schweiß
stockung hunger mama brote
papa skatspiel radio tote
schlafen schimpfen hupen schwitzen
weiterfahren weitersitzen
müde mitternacht hotel pension
tausenddreißig schlafen schon.

Hans A. Halbey

Ferienerzählungen

„Bin auf den
höchsten Berg gestiegen."

„Bin im tiefsten
Meer geschwommen."

„Bin durch die
weiteste Ebene gefahren."

„Bin unterm Apfelbaum gelegen,
hab meine Träume fliegen lassen:
Höher als die höchsten Berge,
tiefer als die tiefsten Meere,
weiter als die weitesten Ebenen."

Hans Manz

NIKOS LESETIPPS

Mach was!

Zu Seite 155
Über die Erde

Prüft und schult euer Gefühl in den Füßen, damit ihr auch „mit den Zehen sehen“ könnt. Baut in einem Raum eine Strecke mit verschiedenen Materialien, z. B. Sand, Kies, große Kiesel, Blätter, Ästchen, Heu, Stroh, Tannenzweige. Legt diese in Kisten oder Plastikschalen, zum Schluss vielleicht ein Becken mit Wasser. Verbindet jemandem die Augen und führt ihn über den Parcours. Spürt sie oder er die verschiedenen Materialien?

Denk nach!

Zu Seite 158 bis 160
Spätschichttage sind Spaghettitage

Helgas Mutter arbeitet, weil sie öfter unter die Leute kommen möchte. Arbeiten bedeutet also nicht nur Geld verdienen. Welche Gründe könnte es sonst geben? Könntest du dir jetzt schon vorstellen, ob, wo und in welchem Beruf du später arbeiten möchtest?

Lies was!

Zu Seite 158 bis 160
Spätschichttage sind Spaghettitage

Diese Geschichte ist aus Achim Brögers Buch, das genauso heißt. Die Spätschichttage gibt es übrigens auch als Taschenbuch. In der Bücherei findest du noch andere Bücher des Autors. Vielleicht probierst du mal eine Pizza und Oskar-Geschichte aus!

Schreib was!

Zu Seite 165
Urlaubsfahrt

Hans A. Halbey hat hier die schnellen Eindrücke von einer Urlaubsfahrt nur mit einzelnen Wörtern aneinander gereiht. Nur die letzte Reihe ist ein vollständiger Satz.
Vielleicht versuchst du auch einmal deine Eindrücke von einer Urlaubsfahrt so ähnlich aufzuschreiben.
Dein Text muss keinen Reim haben.

Antworten auf die Fragen findest du in den Texten dieses Kapitels.

S. 158 Für wen liegt das Geld abgezählt neben dem Einkaufszettel?

? Mit welchem Wort möchte das Sams im Kaufhaus angesprochen werden?

S. 156 Welche Baumsorte hat Peter Härtling wandern gesehen?

? Was fliegt höher als die höchsten Berge?

S. 160 Wer sagt „Geldfälschen ist verboten“?

? Auf welchem Planeten können die Kinder auf der Straße Fußball spielen?

Zu Seite 161 bis 163

Sams im Kaufhaus

Wenn ihr Freude am Theaterspiel habt, dann könnt ihr aus diesem Text ein wunderschönes kleines Spiel machen. Und das Tolle ist: Jeder kann mitspielen. Es werden ja nicht nur das Sams und Herr Taschenbier gebraucht, sondern auch mehrere Verkäufer, Kunden und die Lautsprecherstimmen.

Und wie das Sams in den Rucksack kommt? Herr Taschenbier trägt es am Anfang einfach Huckepack!

Zu Seite 161 bis 163

Sams im Kaufhaus

Die unglaubliche Geschichte von Sams stammt von Paul Maar. Er hat inzwischen fünf Bücher vom Sams und Herrn Taschenbier geschrieben. Dazu gibt es eine Reihe von Hörspielkassetten und einen hinreißend lustigen Spielfilm mit richtig guten Schauspielern. Wer die Möglichkeit hat, sollte unbedingt einmal die drei Medien vergleichen.

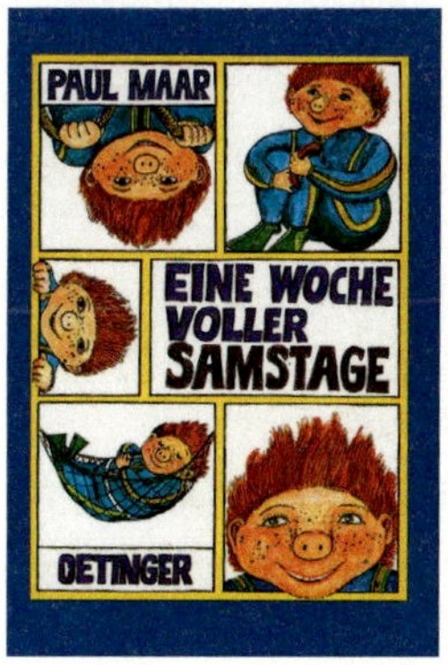

Herbstlied

Bunt sind schon die Wälder,
Gelb die Stoppelfelder,
Und der Herbst beginnt.
Rote Blätter fallen,
Graue Nebel wallen,
Kühler weht der Wind.

Johann Gaudenz von Salis-Seewis

Dank

Erde, die uns dies gebracht,
Sonne, die es reif gemacht:
Liebe Sonne, liebe Erde,
Euer nie vergessen werde!

Christian Morgenstern

Oktober

Es kommt eine Zeit
da fragen wir uns
Was soll denn nur werden

Die Luft schmeckt
so bitter

Die Vögel sind
über alle Berge

Der Nebel macht
die Häuser bleich

Aufs Dach trommeln
Kastanien

Die kleinen Tiere gehn
unter der Erde spazieren

Wir müssen ins Haus zurück
da hält uns der Regen gefangen

Elisabeth Borchers

Die neue Sprache

Jonki macht Hausaufgaben. Sein Hund Kläff hilft ihm.

Kläff: Wu! Wu! Wu!
Jonki: Sei doch still, Kläff.
Ich muss Schulaufgaben machen.
Kläff: Was schreibst du denn?
Jonki: Eine Geschichte über den Herbst.
Das Laub raschelt ...

Kläff: Manche Wörter sind eigentlich falsch.
Das Laub raschelt doch nicht. Es reschelt.
Jonki: Hm. Du hast Recht. Komisch.
Also, das Laub reschelt.
Die Vögel, hör mal, die Vögel
müssten eigentlich Sausen heißen.

Kläff: Ja!
Jonki: Die Sausen fliegen über die kahlen Bäume.
Kläff: Kahle Bäume sehen aus wie ... wie Stammer.
Jonki: Stimmt! Der Herbstwind ...
Kläff: Der Herbstwind ist der Jaul.
Jonki: Der Jaul fegt die letzten Blätter aus den ...
Kläff, die Zweige nenne ich Striche.
Klingt das nicht richtiger?
Kläff: Wau!
Jonki: Im Gras liegt das Fallobst.
Nee! Gras ist das Grünfell.
Kläff: Und Fallobst sind Plumpser.

Gina Ruck-Pauquèt

Halloween

Am Abend vor Allerheiligen, also am 31. Oktober, ist in der angelsächsischen Welt Halloween. An diesem Abend verkleiden sich die Kinder als Hexen und Gespenster und erschrecken sich gegenseitig und die Erwachsenen mit ausgehöhlten, beleuchteten Kürbissen mit gruseligen Fratzen. Laut rufen und singen sie dabei den berühmten Halloween-Spruch. Nur mit Süßigkeiten kann man sich Ruhe vor den Gespenstern erkaufen.

Trick or treat,
Trick or treat!
Here we come
Down the street.
Ghosts and Goblins
And witches, too,
All are here
To frighten you!

Gibst du nichts, wirst du es büßen!
Die Gespenster lassen grüßen!
Kobolde und Hexenmeister,
Nachtgetier und Grusel-Geister,
vor der Haustür, hinter Ecken,
hocken wir, um dich zu schrecken!

Rotraut Susanne Berner

Die Vögel warten im Winter vor dem Fenster

Ich bin der Sperling.
Kinder, ich bin am Ende.
Und ich rief euch immer im vergangenen Jahr,
wenn der Rabe wieder im Salatbeet war.
Bitte um eine kleine Spende.
Sperling, komm nach vorn
Sperling, hier ist dein Korn
Und besten Dank für die Arbeit!

Ich bin die Amsel.
Kinder, ich bin am Ende.
Und ich war es, die den ganzen Sommer lang
früh im Dämmergrau in Nachbars Garten sang.
Bitte um eine kleine Spende.
Amsel, komm nach vorn
Amsel, hier ist dein Korn
Und besten Dank für die Arbeit!

Ich bin der Buntspecht.
Kinder, ich bin am Ende.
Und ich hämmere die ganze Sommerzeit.
All das Ungeziefer schaffe ich beiseit.
Bitte um eine kleine Spende.
Buntspecht, komm nach vorn
Buntspecht, hier ist dein Wurm.
Und besten Dank für die Arbeit!

Bertolt Brecht

Beobachtung

Zarte, feine
klitzekleine
Spuren findest du im Schnee?
Zarte, feine
klitzekleine
Spuren – die sind nicht vom Reh!

Diese krickel
krackel Grüße
schrieb ein andrer Gast hierher:
Zickel zackel
Vogelfüße –
schau: Dort sind schon keine mehr.

Denn nur eben
fast im Schweben
hüpfte, pickte er im Lauf –
und
mit einem Sprunge,
Schwunge
flog er zu den Wolken auf.

Max Kruse

Drei Spatzen

In einem leeren Haselstrauch,
da sitzen drei Spatzen, Bauch an Bauch.

Der Erich rechts und links der Franz
und mittendrin der freche Hans.

Sie haben die Augen zu, ganz zu
und obendrüber, da schneit es, hu!

Sie rücken zusammen, dicht an dicht.
So warm wie der Hans hats niemand nicht.

Sie hören alle drei ihrer Herzlein Gepoch,
und wenn sie nicht weg sind, dann sitzen sie noch.

Christian Morgenstern

Ich möchte dir
einen Schneestern bringen –
mit leeren Händen werde ich
vor dir stehen.

Günter Bruno Fuchs

Schneekristall

Ein Schneekristall lag
mir auf der Hand, ewig schön,
eine Sekunde.

Josef Guggenmos

Ich male mir den Winter

Ich male ein Bild,
ein schönes Bild,
ich male mir den Winter.
Weiß ist das Land,
schwarz ist der Baum,
grau ist der Himmel dahinter.

Sonst ist da nichts,
da ist nirgends was,
da ist weit und breit nichts zu sehen.
Nur auf dem Baum,
auf dem schwarzen Baum
hocken zwei schwarze Krähen.

Aber die Krähen,
was tun die zwei,
was tun die zwei auf den Zweigen?
Sie sitzen dort
und fliegen nicht fort.
Sie frieren nur und schweigen.

Wer mein Bild besieht,
wie's da Winter ist,
wird den Winter durch und durch spüren.
Der zieht einen dicken
Pullover an
vor lauter Zittern und Frieren.

Josef Guggenmos

Hirtenspiel

1. SZENE *Drei der fünf Hirten wachen auf.*

1. Hirtin: Warum bin ich nur aufgewacht?
Es ist doch allertiefste Nacht!

2. Hirt: Es ist noch Nacht, ja, das ist wahr,
es leuchten Mond und Sterne klar.

3. Hirtin: Es ist noch Nacht und doch so licht.
Der Stern dort scheint uns ins Gesicht.

1. Hirtin: Ich habe tief und fest geschlafen,
bis mich dann seine Strahlen trafen.

2. Hirt: *steht auf und zeigt zum Kometenstern*
Der Stern scheint hell und steht so still,
als ob er uns was zeigen will.

Die Hirten stehen auf.

3. Hirtin: Er leuchtet hier, er strahlt nach dort.
Er zeigt uns einen andren Ort.

1. Hirtin: *zeigt auf 4. Hirt, der noch schläft*
Seht unsern Jakob, er schläft noch fest.
Ob der sich gar nicht wecken lässt?

2. Hirt: Jakob, Jakob, wach doch auf,
sieh einmal zum Himmel rauf!

4. Hirt: Lasst mit dem Himmel mich in Ruh.
Ich lasse meine Augen zu.

3. Hirtin: Oh dies ist eine seltsame Nacht.
Wir sind schon alle aufgewacht!

2. Hirt: Jakob, Jakob, ein Stern zeigt dort
den Weg zu einem andern Ort.

1. Hirtin: Komm mit uns, komm, wir wollen gehn,
um, was der Stern zeigt, zu besehn.

4. Hirt: *steht auf*
Ach, Freunde, macht nicht solch Geschrei!
Ich komm ja schon. Ich bin dabei.

2. Hirt: Auch Jonas schläft auf seinem Fell.
He, Jonas, auf, komm mit uns, schnell!

5. Hirt: *liegt an der Seite und hebt den Kopf*
Was lauft ihr fort in tiefer Nacht?
Was hat euch so verrückt gemacht?

1. Hirtin: Komm, komm, wir laufen übers Feld,
bis dort der Strahl zur Erde fällt!

5. Hirt: Was soll denn dieser dumme Stern?
Ach, Leute, lauft und habt mich gern!
Die Hirten 1 bis 4 laufen zur Seite.
Der 5. Hirt winkt ab und legt sich wieder hin.

2. SZENE *Die 4 Hirten treten von der Seite auf.*

1. Hirtin: Hier strahlt der allerhellste Schein,
hier muss das Ziel der Suche sein.

2. Hirt: Was? Dieser kleine morsche Stall?
So einen gibt es überall!

3. Hirtin: Was ist denn hier Besondres dran.
Ich seh darin nur einen Mann …

4. Hirt: Ich seh daneben eine Frau
und dort, in der Krippe, Sarah, schau …

1. Hirtin: Da liegt ein Kindlein, winzigklein.
Es liegt im hellen Sternenschein.

2. Hirt: Und alle sehn den Kleinen an –
das Rind, der Esel, die Frau, der Mann.

4. Hirt: Auch uns führte der Sternenschein.
Es muss mit dem Kind was Besondres sein!

3. SZENE

5. Hirt: *sitzt auf dem Boden und sieht den ankommenden Hirten entgegen*
Na, wie war's denn in der Nacht?
Wohin hat euch der Stern gebracht?

1. Hirtin: Jonas, nein, du glaubst es nicht,
wir sahen das Kind, sein frohes Gesicht.

2. Hirt: Wir sahen im Stall das Jesuskind
in einer Krippe bei Esel und Rind.

3. Hirtin: Mit leeren Händen waren wir dort.
Es gab keine Milch, keinen Käse am Ort.

4. Hirt: Zwar gab es Wärme von den Tieren,
doch werden die Leute, wenn's kalt ist, frieren.

1. Hirtin: Wir sollten morgen wieder hingehn
und nach dem Kind und den Eltern sehn.

2. Hirt: Ich nehme dann Käse mit vom besten …

3. Hirtin: Und ich aus Schafsfell warme Westen …

4. Hirt: Ich bringe frische Milch für den Kleinen …

1. Hirtin: Und ich nehme Mäntel mit aus Leinen …

2. Hirt: Ich bringe weiche kuschlige Felle …

3. Hirtin: Wir bringen dies heute noch,
jetzt auf der Stelle!

4. Hirt: Lasst uns gehn mit den guten Sachen,
um Kind und Eltern Freude zu machen!

5. Hirt: Na, das ist nun ja allerhand.
Da geh ich mit und bin gespannt.

Alle gehn zur Seite ab.

Horst Bartnitzky

Kalendergedicht mit neuen Bauernregeln

Der Ja Ja Ja Ja **Januar**
war erster Monat im letzten Jahr.
Er wird es auch im nächsten sein,
beginnt mit Ja und nicht mit Nein.

Wenn im Monat **Februar**
auf der Suppe schwimmt ein Haar
und es folgt ein kleiner Fisch,
mache besser reinen Tisch.

Wenn im **März** auf Bahnsteig 10
Züge voller Vögel stehn,
musst du nicht nach Süden laufen
und dir einen Vogel kaufen.

Wenn es mal der Zufall will,
dass im fröhlichen **April**
Katzen tanzen mit den Hunden,
ist das Schlimmste überwunden.

Wenn im **Mai** ein kleiner Hai
auf den Weiher legt ein Ei,
ist es Zeit, daran zu denken,
was wir uns im Juni schenken.

Schneit's im **Juni** Himbeer-Eis,
ist, wie längst ein jeder weiß,
Bruder Juli nicht mehr weit,
der dazu die Sahne schneit.

Julius, o Julius,
was man im **Juli** singen muss,
das weißt du so genau
wie Juliane, deine Frau.

Wer August heißt und im **August**
geboren ist, dem ist bewusst,
was auch schon seine Mutter wusste:
Als Mädchen hieße er Auguste.

Im **September** geh und nimm
Brom- und Stachel-, Erd- und Him-
Beeren, aber nicht die Brumm-
Bären, denn die nehmen's krumm.

Der **Oktober** hat es gerne,
kitzelt man ihm seine Sterne
unter Achseln und am Bauch.
Sei mal ehrlich: du doch auch?

Wenn in der **November**nacht
laut der Mond am Himmel lacht
und ein Schaf Gedichte spricht,
sage nie: Das ziemt sich nicht.

Was dir im **Dezember** stinkt,
schwer-fällt, quer-schlägt, hinter-hinkt,
soll dir keinen Spaß verdrehen.
Nächstes Jahr wird's besser gehen.

Karlhans Frank

Brief an die Sonne

Am letzten Tag des Jahres, als es kühl und dunkel war im Wald, schrieben die Tiere einen Brief an die Sonne. Sie hatten lange darüber nachgedacht, was sie der Sonne schreiben könnten, und suchten die vorsichtigsten Wörter aus, die sie kannten.
„Es ist ein Bittbrief", sagte die Ameise. „Ein flehentlicher Bittbrief."
Fast alle setzten sie ihren Namen darunter. Nur der Maulwurf, der Erdwurm, der Nachtfalter und die Fledermaus hatten Bedenken und hätten lieber das Gegenteil geschrieben. Zu Hunderten warfen sie den Brief hoch und der eisige Wind blies ihn zum Himmel, quer durch die niedrig hängenden Wolken. Zitternd saßen sie beieinander und warteten auf die Antwort und bliesen über ihre Fühler oder schlugen die Flügel übereinander.
Am späten Nachmittag erschien plötzlich ein kleines Loch in den Wolken. Ein Sonnenstrahl schoss herab, und an dem Sonnenstrahl rutschte ein Brief entlang. Mit großen Augen schauten die Tiere zu.
Der Brief fiel auf den Boden und die Ameise trat vor und öffnete ihn. Alle Tiere drängten sich um den Brief, einer lehnte sich über die Schultern des andern, sogar über die Schulter des Igels, und lasen:
Liebe Tiere, es ist gut. Bis bald! Die Sonne.

Sie stießen einen Seufzer der Erleichterung aus, schauten sich an, schüttelten sich gegenseitig die Flügel, die Flossen, die Fühler und Pfoten, wünschten sich das Allerbeste und gingen nach Hause. Die meisten Tiere machten an diesem Abend noch ein paar Tanzschritte auf dem Fußboden vor ihren Betten, sangen leise: „Bis bald, bis bald ...", krochen unter ihre dicken Zudecken und schliefen ein.

Toon Tellegen

Die Grille und der Maulwurf

Eine Grille hatte den ganzen Sommer über nichts anderes getan, als gegeigt und gegeigt und gegeigt. Und als dann der Winter kam, hatte sie nichts zu essen, denn sie hatte das Feld nicht bestellt, also auch keine Ernte. Hatte keine Wolle gezupft, also auch keine Handschuh. Hatte kein Winterhaus gebaut, also auch keinen Ofen. Und sie fror bitterlich und sehr. Da ging sie zum Hirschkäfer und sprach: „Sie sind doch der Oberförster im Wald, denn Sie haben ein Geweih. Könnte ich bitte ein bisschen bei Ihnen wohnen?"

„Oh nein", sagte der Hirschkäfer, „oh nein, gewiss nicht ..." Und die Grille ging weiter, fragte die Maus, ob sie ein bisschen von ihren Nüsschen ... „Oh, nein," sagte die Maus, „oh nein, gewiss nicht und gar nicht."

Da stapfte die Grille weiter in dieser jämmerlichen Kälte und ging zum Maulwurf, der dort hinten in einer Kellerwohnung haust, mit Ofen. „Oh, Besuch", rief der Maulwurf. „Kommen Sie, damit ich Sie etwas befühlen kann, sehe nämlich nicht gut, weil ich blind bin. Kommt von der schwarzen Erde, wo ich arbeite. Macht nix."

Als er die Grille erkannt hatte, freute er sich, denn er hatte im Sommer oft ihrem Gefiedel gelauscht. Wer schlecht sieht, der hört gern zu, wenn einer Musik spielt. „Ach, bleib doch bei mir", sagte der Maulwurf, „und spiel mir was auf deiner Fiedel, ja!" Und die Grille blieb und sie machten sich ein schönes, warmes Leben zusammen. Sie kochten sich gute Krautsuppe mit Mausespeck. Oder 2 süße Erbsen. Pro Person. Abends lasen sie zusammen in der Waldzeitung, hinten bollerte der Ofen. Das Sofa war schön weich und sie haben sich nie, nie, nie gezankt. Ach, war das eine gemütliche Zeit! Wohl die schönste Zeit in ihrem ganzen Leben.

Janosch

Im Fliederbusch

Im Fliederbusch das Krokodil
singt wunderschöne Weisen.
Da schwimmt die Nachtigall daher
und will es gleich verspeisen.
„Halt ein!“, kräht laut der Tintenfisch,
„das Kroko ist so jung und frisch
und singt doch so poetisch!“
Voll Großmut schwimmt die Gall davon.

(Die Zähne fletscht sie voller Hohn:
„Ich fress’ es später beim Teetisch.“)

Friedl Hofbauer

ottos mops

ottos mops trotzt
otto: fort mops fort
ottos mops hopst fort
otto: soso

otto holt koks
otto holt obst
otto horcht
otto: mops mops
otto hofft

ottos mops klopft
otto: komm mops komm
ottos mops kommt
ottos mops kotzt
otto: ogottogott

Ernst Jandl

Unheimliche Viecherei

Morgens, wenn die Finken funkeln,
abends, wenn die Kinken kunkeln
und der Löw die Löwin liebt:
was es da nicht alles gibt!

Da flattern die Nattern,
die Schlangen und Schleichen,
da heulen die Eulen
zum Steine-Erweichen.

Da quaken die Kraken
in Tümpeln und Teichen,
da flöten die Kröten,
dass alle erbleichen.

Mittags, wenn die Raben traben,
Knaben sich an Waben laben,
nachts, wenn Gans und Gemsen gurren,
Schnabeltier und Schnecken schnurren,
Pfau und Sau gemeinsam balzen,
Aal und Wal zusammen walzen
und ein Leumund lacht im Laub …
ei, dann mach dich aus dem Staub!
Denn den irren, wirren Graus
hältst du ungestraft nicht aus.

Mira Lobe

Aus Charly Hases Osterhasen-Lexikon

Augen
Kürzlich fand ich ein Tierbuch mit dem Titel *Über Hasen – unter Hasen* aus dem Jahre 1987, geschrieben von Doktor Köllwitz aus Paderborn. Ich las dort, dass wir Osterhasen mit offenen Augen schlafen. Das ist natürlich Unsinn. Wir Osterhasen schlafen mit geschlossenen Augen und träumen von Möhren.

Bemalen
Eier zu bemalen und dann zu verstecken ist die Hauptaufgabe der Osterhasen. Eine geschickte Pfote, Farbverständnis, Ausdauer und Mut zeichnen jeden guten Osterhasen aus. Sinnvollerweise trägt der Hase seine Augen auf den Seiten. Das verschafft ihm nicht nur einen guten Überblick, sondern er kann auch zwei Eier auf ein-mal bemalen.

Drummer
Ein Drummer (ausgesprochen: Drammer) ist der Schlagzeuger einer Band. Hasen sind sehr gute Drummer. Sie können mit allen vier Beinen auf den Boden trommeln und dazu mit den Ohren (Löffel) auf einen hohlen Baumstumpf schlagen. Leider mögen die meisten Hasen keinen Lärm, so dass man in vielen Bands keine Hasen am Schlagzeug sitzen sieht.

Jäger
Der Jäger ist ein grünes Kurzohr mit Gewehr. Wer ihn sieht, sollte dabei nicht von ihm gesehen werden, sonst knallts.

Kaninchen
Kaninchen sind keine Hasen, trotzdem werden sie oft dafür gehalten. Kaninchen haben nicht so lange und nicht so schöne Ohren wie wir. Ihre Augen sind dunkel und haben keinen orangefarbenen Ring. Kaninchen sind kleiner als wir und hocken dauernd zusammen. Der größte Unterschied ist aber, dass Kaninchen keine Eier bemalen können.

Lärm
Wenn es laut wird, rennen Hasen fort. Hasen können sogar spüren, dass es laut wird, bevor es laut wird, und rennen schon einen Augenblick vorher fort. Deswegen trifft man in Discos, Rockkonzerten, Flughäfen, Autobahnraststätten und Feuerwehrautos so selten Hasen an.

Q-Tips

Osterhasen haben sehr große Löffel, deswegen brauchen sie sehr große Q-Tips, um ihre Ohren zu säubern. Es gibt Hasen, die nehmen dazu ein gelbes flauschiges Küken und lassen es beim Versteckspiel in ihren Löffeln herumsuchen. Danach hat das Küken zwar kein anderes Küken gefunden, aber das Ohr ist sauber.

Rollkragenpullover

Manchmal werde ich gefragt, warum wir Hasen im Winter keine Rollkragenpullover tragen. Ganz einfach: Es ist sehr unangenehm, sich einen engen Rollkragenpullover über den Kopf zu ziehen. Die Rollkragenpullover-Kopföffnung ist so eng, dass einem fast dabei die Nase und die Löffel abgerissen werden. Alle kleinen Kurzohren wissen, wovon ich rede. Man muss zu lange Zeit im Dunkeln aushalten, bis man den Kopf durch die Öffnung hat und endlich wieder die Sonne sehen darf.

Tanz

Osterhasen tanzen gern (Cancan). Der beliebteste Osterhasentanz ist der Eiertanz. Dabei hoppelt der Hase um das Ei herum und bemalt es dabei mit lustigen Punkten.

Wunder

Das Osterfest ist ein wundervolles Fest. Eier werden zu Ostereiern, Hasen zu Osterhasen. Dieses Wunder gelingt, weil es sich alle wünschen.

Zahnbürste

Für seine großen Vorderzähne (Gebiss) braucht der Hase eine sehr große Zahnbürste. Es ist keine Zahnbürste mit Schwingkopf, weil der Hase selber einen Schwingkopf hat. Er schwingt seinen Kopf beim Zähneputzen einfach hin und her und denkt dabei an ein Tischtennisspiel.

Erwin Grosche

Er ists

Frühling lässt sein blaues Band
Wieder flattern durch die Lüfte,
Süße, wohlbekannte Düfte
Streifen ahnungsvoll das Land.
Veilchen träumen schon,
Wollen balde kommen.
– Horch, von fern ein leiser Harfenton!
Frühling, ja du bists!
Dich hab ich vernommen!

Eduard Mörike

Frühlingsbotschaft

Leise zieht durch mein Gemüt
liebliches Geläute.
Klinge, kleines Frühlingslied
kling hinaus ins Weite.

Kling hinaus bis an das Haus,
wo die Blumen sprießen;
wenn du eine Rose schaust,
sag, ich lass' sie grüßen.

Heinrich Heine

Gefunden

Ich ging im Walde
so für mich hin,
und nichts zu suchen,
das war mein Sinn.

Im Schatten sah ich
ein Blümlein stehn,
wie Sterne leuchtend,
wie Äuglein schön.

Ich wollt es brechen,
da sagt es fein:
Soll ich zum Welken
gebrochen sein?

Ich grub's mit allen
den Würzlein aus,
zum Garten trug ich's,
am hübschen Haus.

Und pflanzt es wieder
am stillen Ort;
Nun zweigt es immer
und blüht so fort.

Johann Wolfgang von Goethe

Die Tulpe

Dunkel
war alles und Nacht.
In der Erde tief
die Zwiebel schlief,
die braune.

Was ist das für ein Gemunkel,
was ist das für ein Geraune,
dachte die Zwiebel,
plötzlich erwacht.
Was singen die Vögel da droben
und jauchzen und toben?
Von Neugier gepackt,
hat die Zwiebel einen langen Hals gemacht
und um sich geblickt
mit einem hübschen Tulpengesicht.

Da hat ihr der Frühling entgegengelacht.

Josef Guggenmos

Mai

Es kommt eine Zeit
da machen die Vögel Hochzeit

Nachtigall und Lerche
Zaunkönig und Sperling
Rotkehlchen und Amsel

Ein Lied fliegt zum andern
die Bäume tragen weite Kleider
der Wind läutet die Blumen
die Bienen haben goldne Schuhe

Die Katze
die graue die schwarze die weiße
sie darf es nicht tun
sie darf die Hochzeit
nicht stören

Elisabeth Borchers

Märchen

Ein großer blauer Falter
ließ sich auf mir nieder
und deckte mich mit
seinen Flügeln zu.
Und tiefer und tiefer
versank ich in Träume.
So lag ich lange und
vergessen wie unter
einem blauen Himmel.

Hans Arp

Gewitter

Der Himmel ist blau
Der Himmel wird grau
Wind fegt herbei
Vogelgeschrei
Wolken fast schwarz
Lauf, weiße Katz!
Blitz durch die Stille
Donnergebrülle
Zwei Tropfen im Staub
Dann Prasseln auf Laub
Regenwand
Verschwommenes Land
Blitze tollen
Donner rollen
Es plitschert und platscht
Es trommelt und klatscht
Es rauscht und klopft
Es braust und tropft
Eine Stunde lang
Herrlich bang
Dann Donner schon fern
Kaum noch zu hörn
Regen ganz fein
Luft frisch und rein
Himmel noch grau
Himmel bald blau!

Erwin Moser

Vor dem Gewitter

Der Kirschbaum biegt sich vor Lachen –
vor Lachen oder vor Wind?
Ich hör die Äste krachen.
Ich denk, der Kirschbaum spinnt.

Die Kirschen prasseln nieder.
Der Dackel Konrad flitzt
ins Haus und kommt nicht wieder ...
Es donnert und es blitzt!

Georg Bydlinski

Muscheln

Zwei Muscheln lagen am Strande
und redeten hin und her
von dem, was die Muscheln so reden,
von ihrer Heimat, dem Meer,
von ihrer Heimat, dem Meer.

Sie konnten die Fische verstehen,
die Muscheln waren nicht dumm,
sie sprachen mit Seehund und Seestern,
für Menschen blieben sie stumm –
ja, für uns blieben sie stumm.

Sie sprachen von Flut und von Ebbe
und manchem gefährlichen Riff,
sie kannten auch viele Matrosen
und manches gesunkene Schiff –
ja, manches gesunkene Schiff.

Zwei Muscheln lagen am Strande
und redeten hin und her
von dem, was die Muscheln so reden,
von ihrer Heimat, dem Meer –
dem großen, salzigen Meer.

Max Barthel

NIKOS LESETIPPS

Zu allen Gedichten des Kapitels
Im Kapitel *Durch das Jahr* findest du besonders viele Gedichte. Hier findest du Tipps, was du zu Gedichten stehen, spielen und schreiben kannst.

- **Schattenspiele auf dem Tageslichtprojektor**
  Die Personen und wichtigen Gegenstände werden aus Tonpapier ausgeschnitten. Die Figuren werden an einem Stab geführt, zum Beispiel bei: Vögel am Fenster (S. 172), Kalendergedicht (S. 179), Die Tulpe (S. 188), Gewitter (S. 190).

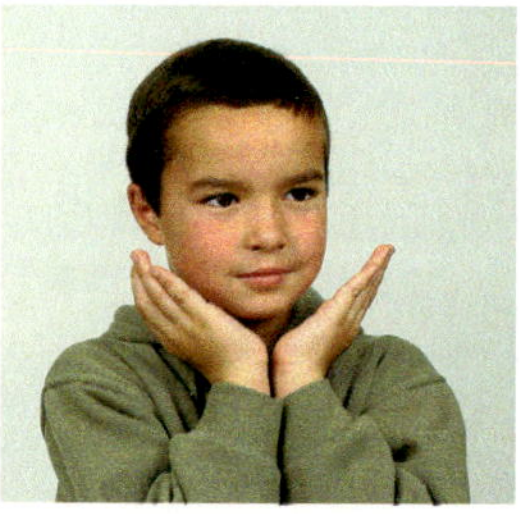

- **Pantomime**
  Das Gedicht wird ohne Sprache gespielt. Du musst alles mit dem Körper, den Händen, dem Gesicht ausdrücken, zum Beispiel bei: Oktober (S. 169), Er ists (S. 186), Gefunden (S. 187), Die Tulpe (S. 188).

- **Musik und Geräusche**
  Mit Instrumenten und Geräuschen, die du mit Mund, Händen und Füßen machst, kannst du das Gedicht in Klang umsetzen, zum Beispiel: Herbstlied (S. 168), Beobachtung (S. 173), ottos mops (S. 182), Unheimliche Viecherei (S. 183).

- **Malen und Basteln**
  Ein Gedicht besonders schön aufschreiben und dazu malen, oder etwas basteln und ein Gedicht beilegen ... zum Beispiel: Herbstlied (S. 168), Schneegedichte (S. 174), Ich male mir den Winter (S. 175).

Such was!

Antworten auf die Fragen findest du in den Texten dieses Kapitels.

- S. 191 Mit wem sprachen die Muscheln?
- ? Was haben Grille und Maulwurf abends gelesen?
- S. 189 Wann machen die Vögel Hochzeit?
- ? Wie lange lag ein Schneekristall auf der Hand?
- S. 170 Was sind Plumpser?
- ? Wer geht im Oktober unter der Erde spazieren?

Spiel was!

Zu Seite 176 bis 178

Hirtenspiel

Spielt die Szenen in der Klasse und ladet Eltern oder eine andere Klasse ein.

Seid sparsam mit der Verkleidung: alte Decken oder Felle reichen für die Hirten. An einer Stelle deutet ihr durch braune Pappen ein Dach an. Den Stern trägt ein Kind an einem Stab. Zwischen den Szenen kann jemand ein Flötenstück spielen oder ihr singt ein Weihnachtslied, z. B. Stern über Bethlehem.

Schlag nach!

Zu Seite 181

Grille und Maulwurf

Seit über 2000 Jahren gibt es eine Geschichte, die so ähnlich ist wie die von Janosch. Es ist eine alte Fabel. Schau bei den Lesedetektiven unter dem Stichwort „Fabel“ nach. Man sagt, dass eine Fabel belehren will. Was könnte man aus dieser Fabel lernen?

Abc für Lesedetektive

Autor/Autorin Geschichten, Gedichte oder Bücher werden von Personen ausgedacht und geschrieben; das sind die Autoren. Die meisten Autoren, die die Texte für dein Lesebuch geschrieben haben, sind Kinderbuchautoren, d. h. sie schreiben vorwiegend für Kinder. Kinder sind Autoren/ Autorinnen, wenn sie eigene Texte schreiben. Den Namen des Autors/ der Autorin findest du entweder auf dem Buchtitel oder unter dem Text.

Bestseller Neu erschienene Bücher, die gleich von Anfang an sehr oft verkauft werden, weil viele Personen sie lesen und besitzen wollen, sind Bestseller. Manchmal sind solche Bestseller schnell vergriffen, d. h. ausverkauft; dann muss der Verlag neue drucken. In Zeitschriften kannst du Listen finden, in denen die aktuellen Bestseller veröffentlicht sind. Zur Zeit sind die Harry-Potter-Bände Bestseller für Kinder und Erwachsene.

Comic Eine meist komische Geschichte in mehreren oder einem Bildstreifen ist ein Comic. Dieses Wort ist eine Abkürzung des englischen „comic strip“, was übersetzt „komischer Streifen“ bedeutet. Auf S. 54 findest du ein Lieschen-Comic.

Dichter Der Begriff Dichter wird heute so gut wie nicht mehr gebraucht. Vor ungefähr 1500 Jahren gab es an Fürstenhöfen Männer, die eigene Geschichten zur Unterhaltung gesungen und erzählt haben, die Sänger oder Dichter. Später erst wurden solche Texte aufgeschrieben. Man nannte die schreibende Person ebenfalls Dichter und das, was aufgeschrieben wurde, Dichtung. Heute nennen wir diese Personen Schriftsteller oder Autor oder Verfasser.

Erzähler Autoren schreiben nur selten aus ihrer eigenen Sicht. Sie denken sich eine Person aus, die die Geschichte erzählt; diese Person heißt Erzähler (z. B. Nils Holgersson auf S. 144). Bei Texten, die in der Ich-Form geschrieben sind, ist das der Ich-Erzähler (z. B. in der Geschichte von S. 12).

Fabel Eine Fabel ist eine Geschichte, in der meistens Tiere eine Hauptrolle spielen. Diese Tiere können wie Menschen handeln und sprechen. Aus dem Verhalten der Tiere kannst du etwas lernen. Am Schluss der Fabel, steht das, was du aus ihr lernen kannst, oftmals in einem Satz zusammengefasst.

Gedicht Die Gedichte, die im Lesebuch abgedruckt sind, erkennst du an ihrer Form. Gedichte sind in unterschiedliche Arten eingeteilt: Solche, die sich reimen; andere, die eine kleine Geschichte erzählen, sind Erzähl-Gedichte (S. 133). Elfchen bestehen nur aus elf Worten, die aber in einer ganz bestimmten Reihenfolgen stehen müssen. Haikus sind kleine japanische Gedichte und Nursery-Reime sind Gedichte, die von Kindermädchen (nurses) kleinen Kindern immer wieder vorgesagt oder vorgesungen werden. Deshalb sind sie leicht auswendig zu lernen.

Handlung Was die Hauptpersonen in einem Text oder in einem Spiel miteinander sprechen ist der Dialog, was sie tun ist die Handlung. Du kannst in vielen deiner Lesebuch-Geschichten die Handlung gut nachspielen (z.B. die Fahrrad-Geschichte von S. 26).

Interview Wenn du eine Person besser kennenlernen willst oder genaueres von ihr wissen möchtest, dann kannst du sie befragen, ein Interview mit ihr führen. Viele Interviews werden nur mündlich geführt (Sportler fürs Fernsehen); es gibt auch schriftliche, gedruckte Interviews (Stars für Zeitschriften). Im Lesebuch auf S. 58/59 findest du ein Interview über die Arbeit einer Fernseh-Redakteurin.

Jugendliteraturpreis Jedes Jahr werden in Deutschland gute Bilder-, Kinder- und Jugendbücher vorgeschlagen für den Jugendliteraturpreis und nur ein Titel gewinnt. Es ist eine große Ehre für den Autor, wenn eines seiner Bücher mit dem Deutschen Jugendliteraturpreis ausgezeichnet ist. Bücher, die einen Preis erhalten haben, erkennst du oftmals durch einen Aufkleber.

Klappentext Wenn Bücher einen Schutzumschlag haben, dann findest du auf der nach innen gefalteten Klappe einen kurzen Text. Dieser Klappentext will die Leser neugierig machen auf den Inhalt des Buches. Manchmal bringt er auch Informationen zum Autor und seinen weiteren Büchern. Bei Büchern, die keinen Schutzumschlag haben, steht der Klappentext auf der Rückseite des Buches.

Lektor

Übersetzt heißt Lektor „Leser“. Lektoren sind die ersten Leser eines Manuskriptes. Sie prüfen und begutachten es, geben den Autoren Tipps, wie sie den Text umarbeiten, kürzen oder verändern können.
Ein Lektor entscheidet auch, ob ein Buch gedruckt wird oder nicht.
Peter Härtling hat, bevor er eigene Bücher geschrieben hat, als Lektor in einem Verlag gearbeitet.

Manuskript

Wenn du einen Text oder eine Geschichte schreiben willst, machst zu zunächst einen Entwurf. Dann wird der Entwurf überarbeitet: Ergänzen, umstellen, streichen etc. Autoren fertigen von ihren Büchern ebenfalls einen Entwurf an, das Manuskript. Das Wort kommt aus dem Lateinischen und bedeutet: mit der Hand geschrieben. Heute werden die Manuskripte mit Computern geschrieben und dann überarbeitet.

Märchen

„Es war einmal ...“; wenn du diesen Satz am Anfang einer Geschichte liest, dann beginnt meistens ein Märchen (z. B. S. 38/39). Riesen, Zwerge, Zauberer, Hexen, Feen und Drachen sind Märchenfiguren. Menschen erleben etwas mit diesen Figuren.

Nonsens

Mit Worten kannst du Unsinn machen, das meint Nonsens. Auch dieses Wort kommt aus dem Englischen: „nonsense“, übersetzt Unsinn. In der Regel sind Nonsens-Texte Gedichte, so wie in deinem Lesebuch S. 46. Es ist nicht leicht Nonsens zu lesen, weil die Texte keinen Sinn ergeben, dafür machen sie umso mehr Spaß.

Pointe

Das Wort kommt von dem französischen Wort point (= Punkt); eine Pointe ist das Ende einer Geschichte. Meist kannst du über diese Art von Schluss staunen oder lachen, weil er überraschend oder lustig ist und du vielleicht ein anderes Ende erwartet hast (z. B. in der Geschichte von der Comic-Maus auf S. 60/61).

Quellenverzeichnis

Eine Quelle ist die Ursprungsstelle eines Baches oder Flusses und ein Verzeichnis ist eine Liste. Das Quellenverzeichnis sagt dir, aus welchen Büchern die Texte in deinem Lesebuch ursprünglich stammen. Damit du die Angabenleicht finden kannst, sind die Namen der Autoren in alphabetischer Reihenfolge geordnet (S. 198 – 200).

Redakteur(in) Redakteure sind Leiter z. B. einer Rundfunk- oder Fernsehsendung, der Sportabteilung einer Zeitung oder sie arbeiten in einem Verlag. Sie haben Mitarbeiter, die ihnen Beiträge, Texte und Bilder besorgen. Nähere Hinweis findest du in dem Interview von S. 58/59. Eine Redakteurin hat viele Monate daran gearbeitet, dass dein Lesebuch interessant und schön wird.

Sachbuch In solch einem Buch findest du Informationen und Bilder zu einem bestimmten Thema aus den Bereichen Technik, Natur, Sternenkunde, Kunst o. ä. Die Texte sind kurz und sachlich gehalten, ähnlich wie in einem Lexikon, die Bilder ergänzen die Informationen, wie beispielsweise im Lesebuch S. 129 *Ein Frosch war nicht immer ein Frosch*.

Tagebuch Menschen schreiben manchmal täglich in einem Heft oder Buch mit leeren Seiten auf, was sie erlebt haben oder was ihnen wichtig war. Das können auch Gedanken oder Gefühle sein, die in verkürzten Sätzen schnell aufgeschrieben sind: „Bin komplett durcheinander!" Oder: „Endlich wieder daheim!" Der *TV-Karl* ist ein Buch, das im Tagebuch-Stil geschrieben ist (S. 55 – 57). In der Regel soll kein Anderer dieses Tagebuch lesen. Es gibt Tagebücher von berühmten (gestorbenen) Personen, die als Bücher gedruckt werden.

Vers Eine Zeile eines Gedichtes wird Vers genannt. Oftmals wird Vers – fälschlicherweise – auch als Bezeichnung für ein kleines vollständiges Gedicht gebraucht. Die Verse eines Gedichtes können sich reimen.

Witz Eine kurze ausgedachte Geschichte hat einen unerwarteten, überraschenden Schluss. Wenn du dann darüber lachen musst, ist es meistens ein Witz (z. B. Betthupferl auf S. 63). Witze leben davon, dass sie ganz genau erzählt werden, denn jedes Wort ist wichtig. Menschen erzählen sich gerne gegenseitig Witze; meist lachst du nicht mehr, wenn du denselben Witz zum zweiten Mal liest oder hörst, denn du kennst den Schluss schon.

Zitat Manchmal findest du in Texten ein Zitat: Dann hat der Autor/die Autorin einen Satz oder einen Abschnitt aus einem anderen Buch wörtlich übernommen und in seinen eigenen Text eingebaut. Damit soll in der Regel die eigene Meinung unterstützt werden. Ein Zitat im Text muss deutlich zu erkennen sein durch Anführungszeichen. Im Quellenverzeichnis ist aufgeführt, aus welchem Buch das Zitat stammt.

Verfasser- und Quellenverzeichnis

Arp, Hans: Märchen (S. 189). Aus: Die Wundertüte. Hrsg.: Heinz-Jürgen Kliewer. Reclam, Stuttgart 1989.
Auer, Martin: Über die Erde (S. 155). Aus: Überall und neben dir. Hrsg.: Hans-Joachim Gelberg. Beltz Verlag, Weinheim und Basel 1986.
Barthel, Max: Muscheln (S. 191). Aus: Überall und neben dir. Hrsg.: Hans-Joachim Gelberg. Beltz Verlag, Weinheim und Basel 1989.
Bartnitzky, Horst: Hirtenspiel (S. 176). Originalbeitrag.
Bauer, Gerd: Der Frosch ... (S. 128). Aus: Augenaufmachen. Hrsg.: Hans-Joachim Gelberg. Beltz Verlag, Weinheim und Basel 1984.
Berner, Rotraut Susanne: Halloween (S. 171): Aus: Apfel, Nuss und Schneeballschlacht. Gerstenberg Verlag, Hildesheim 2001.
Björk, Christina/Anderson, Lena: Linnéa im Garten des Künstlers (S. 130). C. Bertelsmann Verlag GmbH, München 1990.
Blecher, Wilfried: Mazedonische Monsterballade (S. 46). Aus: Theater, Theater! Sellier Verlag, Freising 1980.
Bolliger, Max: Mugabo (S. 19). Aus: 1. Klasse Wackelzahn. Hrsg.: Reiner Engelmann. Verlag Sauerländer, Frankfurt am Main 1999.
Bongs, Rolf: Hochwasser (S. 126). Aus: Geh und spiel mit dem Riesen. Hrsg.: Hans-Joachim Gelberg. Beltz Verlag, Weinheim und Basel 1971.
Borchers, Elisabeth: Mai (S. 189), Oktober (S. 169). Aus: Und oben schwimmt die Sonne davon. Ellermann Verlag, München 1965.
Brecht, Bertolt: Die Vögel warten im Winter vor dem Fenster (S. 172). Aus: Werke. Bd. 11. Suhrkamp Verlag, Frankfurt am Main 1967.
Brembs, Dieter: Krokodil über Frankfurt (S. 82). Aus: Alles ist möglich. Beltz Verlag, Weinheim und Basel 1981.
Brender, Irmela: Mit mir nicht (S. 73). Aus: War mal ein Lama in Alabama. Verlag Friedrich Oetinger, Hamburg 2001.
Bröger, Achim: Spätschichttage sind Spagettitage (Ausschnitt) (S. 158). Arena Verlag, Würzburg 1985.
Bunk, Hans-Dieter: Ein Frosch war nicht immer ein Frosch (S. 129). – Originalbeitrag
Burningham, John: Hans Magnus Deubelbeiss – der Junge, der immer zu spät kam (S. 14). Verlag Sauerländer, Aarau, Frankfurt am Main 1988.
Bydlinsky, Georg: Vor dem Gewitter (S. 190). Aus: Der Mond heißt heute Michael, Verlag Herder und Co., Wien, Freiburg, Basel 1981.
Columbus, Christoph: Das Bordbuch (Ausschnitt) (S. 140). K. Thienemanns, Stuttgart 1986.
Dickinson, Emily: Kein Schiff ... (S. 139). Aus: Oder die Entdeckung der Welt. Hrsg.: Hans-Joachim Gelberg. Beltz Verlag, Weinheim und Basel 1997.
Egbringhoff, Verena: Wie kommt LOGO! auf den Bildschirm? (S. 58). Originalbeitrag.
Ende, Michael: Ein sehr kurzes Märchen (S. 40). Aus: Grimms Märchen – modern. Hrsg.: Wolfgang Mieder, Reclam jun., Stuttgart 1995.
Ende, Michael: Ein Schnurps grübelt (S. 105). Aus: Das Schnurpsenbuch. Thienemanns, Stuttgart 1979.
Fallersleben, Hoffmann von: Vom Schlaraffenland (S. 37). Aus: So viele Tage wie das Jahr hat. Hrsg.: James Krüss. Sigbert Mohn Verlag, Gütersloh 1959.
Fix, Philippe: Kaum hundert Jahre ist es her (Ausschnitt) (S. 96). Otto Maier Verlag, Ravensburg 1987.
Frank, Karlhans: Kalendergedicht mit neuen Bauernregeln (S. 179). Aus: Überall und neben dir. Hrsg.: Hans-Joachim Gelberg. Beltz Verlag, Weinheim und Basel 1989.
Fröhlich, Roswitha: Sieben Seelen (S. 67). Aus: Das achte Weltwunder. Hrsg.: Hans-Joachim Gelberg. Beltz Verlag, Weinheim und Basel 1979.
Fröhlich, Roswitha: Traumreisebüro (S. 31). Aus: Der fliegende Robert. Hrsg.: Hans-Joachim Gelberg. Beltz Verlag, Weinheim und Basel 1977.
Fuchs, Günter Bruno: Ich möchte dir ... (S. 174). Aus: Lesebuch. Carl Hanser Verlag, München 1970.
Fuchs, Ursula: So stachelig wie ein Kaktus (S. 10). Aus: Mut tut gut. Geschichten, Lieder und Gedichte vom Muthaben und Mutmachen. Hrsg.: Rosemarie Portmann. Arena Verlag, Würzburg 1996. – Tobias und Ines unterm Regenschirm (Ausschnitt) (S. 112). Deutscher Taschenbuch-Verlag, München 1986.
Fühmann, Franz: Lob des Ungehorsams (S. 41). Aus: Gedichte und Nachdichtungen. Hinstorff Verlag, Rostock 1978.
Gebrüder Grimm: Der alte Großvater und der Enkel (S. 102). Aus: Kinder- und Hausmärchen gesammelt durch die Brüder Grimm. Hrsg.: Karl Martin Schiller. Hendel Verlag, Meersburg und Leipzig o. J. – Vom süßen Brei (S. 38). Aus: Grimms Märchen. Lechner Eurobooks, St. Geneva 1996.
Goethe, Johann Wolfgang von: Gefunden (S. 187). Aus: Werke (Hamburger Ausgabe, Bd. 1). Deutscher Taschenbuchverlag, München 1998. – Das Wassertröpflein (Johann Wolfgang von Goethe zugeschrieben) (S. 122). Aus: Werke. Cotta, Stuttgart 1902/07.
Goscinny, René: Camping (S. 148). Aus: Der kleine Nick und die Ferien. Diogenes Verlag AG, Zürich 2003.
Grosche, Erwin: Charly Hases Osterhasen-Lexikon (Ausschnitt) (S. 184). Deutscher Taschenbuch Verlag, München 2000. – Das Fremde (S. 119). Aus: Oder die Entdeckung der Welt. Hrsg.: Hans-Joachim Gelberg. Beltz Verlag, Weinheim und Basel 1997.
Grote, Wilfried: Im Schwitzkasten (S. 26). Aus: Kleine Sprünge. Buchverlag Otto Maier GmbH, Ravensburg 1999.
Guggenmos, Josef: Das Gewitter (S. 124). Aus: Immerwährender Kinderkalender. Österreichischer Bundesverlag, Wien 1958. – Die Tulpe (S. 188). Aus: Was denkt die Maus am Donnerstag. Deutscher Taschenbuch Verlag GmbH, München 2001. – Ich male mir den Winter (S. 175). Aus: Ich will dir was verraten. Beltz Verlag, Weinheim und Basel 1992. – Schneekristall (S. 174). Aus: Überall und neben dir. Hrsg.: Hans-Joachim Gelberg. Beltz Verlag, Weinheim und Basel 1989.
Halbey, Hans Adolf: Urlaubsfahrt (S. 165). Aus: Menschengeschichten. Hrsg.: Hans-Joachim Gelberg. Beltz Verlag, Weinheim und Basel 1975.
Hanisch, Hanna und Rolf: Eine Räubergeschichte (S. 44). Aus: Kalenderjahr. Heft 14. (Tante Irm sucht einen Schirm). Hrsg.: Hanna und Rolf Hanisch. Deutscher Theater Verlag, Weinheim 1976.
Hannover, Heinrich: Herr Böse und Herr Streit (S. 114). Aus: Das Einhorn sagt zum Zweihorn. Hrsg.: Gert von Loschütz. Middelhauve Verlag, Köln 1974.
Härtling, Peter: Das wandernde Bäumlein (S. 156). – Wie Bernd und Frieder miteinander reden (S. 115). Aus: Geschichten für Kinder. Beltz Verlag, Weinheim und Basel 1998.
Hausmann, Manfred: Die Bremer Stadtmusikanten (S. 42). Aus: Gedichte. Fischer Verlag, Frankfurt o.J.
Heine, Heinrich: Frühlingsbotschaft (S. 186). Aus: Sämtliche Schriften (Bd. 7). Hrsg.: Klaus Briegleb. Carl Hanser Verlag, München, Wien 1976.
Höly, Claudia: Manchmal (S. 9). Aus: Was für ein Glück. Hrsg.: Hans-Joachim Gelberg. Beltz Verlag, Weinheim und Basel 1993.
Hofbauer, Friedl: Im Fliederbusch (S. 182) Aus: Im Fliederbusch das Krokodil singt wunderschöne Weisen. Hrsg.: Hans Domenego. Jugend und Volk, München und Wien 1977.
Hoffmann, Friedrich: Verkehr (S. 24). Aus: Geh und spiel mit dem Riesen. Hrsg.: Hans-Joachim Gelberg. Beltz Verlag, Weinheim und Basel 1971.

Jandl, Ernst: ottos mops (S. 182). Aus: Gesammelte Werke. Gedichte 1. Hermann Luchterhand Verlag GmbH, Darmstadt und Neuwied 1985.
Janosch: Die Grille und der Maulwurf (S. 181). Aus: Die Maus hat rote Strümpfe an. Beltz Verlag, Weinheim und Basel 1978.
Jatzek, Gerald: Werbeduell (S. 53). Aus: Allerleischlau. Verlag Jugend und Volk, Wien 1989.
Kehr, Karl: Schulregeln aus der Zeit um 1900 (bearbeitet) (S. 95). Aus: Die Praxis der Volksschule, Gotha 1880.
Kilian, Susanne: Ein tolles Gefühl (Vom Vergessen, Ausschnitt) (S. 23). Aus: Der fliegende Robert. Hrsg.: Hans-Joachim Gelberg. Beltz Verlag, Weinheim und Basel 1977. – Innendrin (S. 68). Aus: Das achte Weltwunder. Hrsg.: Hans-Joachim Gelberg. Beltz Verlag, Weinheim und Basel 1979.
Klare, Margaret: Der Rollstuhl (S. 74). Aus: Oder die Entdeckung der Welt. Hrsg.: Hans-Joachim Gelberg. Beltz Verlag, Weinheim und Basel 1997.
Knister: Die Sockensuchmaschine (Ausschnitt) (S. 85). Arena Verlag GmbH, Würzburg 1999.
Korschunow, Irina: Vielleicht wird alles gut (S. 12). Aus: Leselöwen Schulgeschichten. Loewe Verlag, Bindlach 1976.
Kreft, Marianne: Liebe Aygün! (S. 113). Aus: Überall und neben dir. Hrsg.: Hans-Joachim Gelberg. Beltz Verlag, Weinheim und Basel 1989.
Krüss, James: Das Wasser (S. 123). Aus: Der wohltemperierte Leierkasten. Mohn Verlag, Gütersloh 1961.
Kruse, Max: Beobachtung (S. 173). Aus: Geh und spiel mit den Riesen. Hrsg.: Hans-Joachim Gelberg. Beltz Verlag, Weinheim und Basel 1971.
Kruse, Max: Herr Schneck (S. 25). Aus: Windkinder. Ensslin Verlag, Reutlingen o. J.
Künzler-Behncke, Rosemarie: Lachen (S. 77). Aus: Oder die Entdeckung der Welt. Hrsg.: Hans-Joachim Gelberg. Beltz Verlag Weinheim und Basel 1997.
Lagerlöf, Selma: Die Wildgänse (S. 144). Aus: Nils Holgerssons schönste Abenteuer mit den Wildgänsen. Deutscher Taschenbuch Verlag, München 1999.
Lembcke, Marjaleena: Ein Ferkel im Bett (Ausschnitt) (S. 116). Aus: Schon vergessen. Verlag Nagel & Kimche, Zürich 2001.
Lobe, Mira: Unheimliche Viecherei (S. 183). Aus: Im Fliederbusch das Krokodil singt wunderschöne Weisen. Hrsg.: Hans Domenego. Jugend und Volk, München und Wien 1977.
Lobel, Arnold: Der Drachen (S. 32). Aus: Das große Buch von Frosch und Kröte. dtv junior, München 1998.
Maar, Paul: Sams im Kaufhaus (gekürzt) (S. 161). Aus: Eine Woche voller Samstage. Oetinger Verlag, Hamburg 1973.
Mai, Manfred: Fühlen (S. 9). Aus: Tausend Wünsche. Ravensburger Taschenbuch, Otto Maier Verlag, Ravensburg 1986. – Neugierig (S. 83). – Wolkenbilder (S. 125). Aus: 111 Minutengeschichten. Ravensburger Buchverlag Otto Maier GmbH, Ravensburg 1991.
Manz, Hans: Ärgerlich (S. 139). Aus: Mit Wörtern fliegen. Neues Sprachbuch für Kinder und Neugierige. Beltz Verlag, Weinheim und Basel 1995. – Betthupferl (S. 63). Aus: Großer Ozean. Hrsg.: Hans-Joachim Gelberg. Beltz Verlag, Weinheim und Basel 2000. – Ferienerzählungen (S. 165). Aus: Lieber heute als morgen. Beltz Verlag, Weinheim und Basel 1988.
Marion und Christoph: Ein Schock für Rumpelstilzchen (S. 40). – Schülerarbeit. Aus: http://www.learn-line.nrw.de
Mörike, Eduard: Er ists (S. 186). Aus: Sämtliche Werke. Bd. 1. Carl Hanser Verlag, München und Wien 1981.
Morgenstern, Christian: Dank (Spruch vor Tisch) (S. 168). Aus: Klein Irmchen. Kindergedichte. Z Binden Verlag, Basel 1978. – Das Hemmed (S. 47). Aus: Galgenlieder. Deutscher Taschenbuch Verlag, München 1998. – Die drei Spatzen. Aus: Von den großen Elefanten, Hrsg.: Anne Gabrisch. Der Kinderbuchverlag, Berlin 1984.
Moser, Erwin: Spezialflugzeuge(gekürzt) (S. 30). Aus: Das große Fabulierbuch. Beltz und Gelberg, Weinheim und Basel 1995. – Gewitter (S. 190). Aus: Überall und neben dir. Hrsg.: Hans-Joachim Gelberg. Beltz Verlag, Weinheim und Basel 1989. – So im Schatten liegen möcht ich (S. 133). Aus: Im Pfirsich wohnt der Pfirsichkern, Hrsg.: Wolf Harranth und Christine Sormann. Verlag St. Gabriel, Mödling-Wien 1994.
Nöstlinger, Christine: Ameisen (S. 118). Aus: Ein und alles. Beltz Verlag, Weinheim und Basel 1992. – Der TV-Karl (Ausschnitt) (S. 55). Beltz Verlag, Weinheim und Basel 1998.
Preuss, Gunter: Der Sprung (S. 70). Aus: Mut tut gut. Hrsg.: Rosemarie Portmann. Arena Verlag, Würzburg 1994.
Rauschenbach, Erich: Eine umweltfreundliche Erfindung (S. 84). Aus: Lieschen. Goldmann Verlag, München 1985. – Lieblingsfilme (S. 54). Aus: Lieschen 4. Meine allergeheimsten Geheimnisse. Goldmann Verlag, München 1990.
Rettich, Margret: Gruselmärchen (S. 48). Aus: Kleine Märchen. Otto Maier Verlag, Ravensburg 1983.
Ringelnatz, Joachim: Reklame (S. 52). Aus: Mein Herz in Muschelkalk. Gesammelte Gedichte. Eulenspiegel Verlag, Berlin 1988.
Rodari, Gianni: Der bewegliche Bürgersteig (S. 164). Aus: Gutenachtgeschichten am Telefon. K. Thienemanns Verlag, Stuttgart 1964. – Die Comic-Maus (S. 60). Die Sonne und die Wolke (S. 132). Aus: Das fabelhafte Telefon. Verlag Wagenbach, Berlin 1999.
Ruck-Pauquèt, Gina: Die neue Sprache (gekürzt) (S. 170). Aus: Opa, Kläff und Jonki, Otto Maier Verlag, Ravensburg 1971. – Und vorher? (S. 100). Aus: Tag- und Traumgeschichten. Otto Maier Verlag, Ravensburg 1976.
Salis-Seewis, Johann Gaudenz von: Herbstlied (gekürzt) (S. 168). Aus: Haller und Salis-Seewis. Auswahl, Hrsg.: A. Frey, Berlin und Stuttgart o. J. (Dt. National-Literatur Bd. 41,2).
Schmalenbach, Heinz: Auf dem Patentamt (S. 88). Aus: Spielbare Witze für Kinder. Falken-Verlag, Niedernhausen 1986.
Schniebel, Jan Peter: 15 Jahre Fuchs-Jux. Rowohlt Taschenbuch Verlag, Reinbek bei Hamburg 1987.
Schubiger, Jürg: Erfindungen (S. 81). Aus: Als die Welt noch jung war. Beltz Verlag, Weinheim und Basel 1995. – Ich bin so (S. 76). Aus: Oder die Entdeckung der Welt. Hrsg.: Hans-Joachim Gelberg. Beltz Verlag, Weinheim und Basel 1997.
Soupault, Ré: Die drei Wünsche (S. 39). Aus: Französische Märchen. Hrsg.: Ré Soupault. Fischer Taschenbuch-Verlag, Frankfurt 1977.
Stark, Ulf: Ein neuer Opa für Berra (S. 103). Aus: Kannst du pfeifen, Johanna? Carlsen Verlag, Hamburg 2001.
Stevenson, Robert Louis: Ferne Länder (S. 147). Aus: Im Versgarten. Deutsche Übertragung von James Krüss. Otto Maier Verlag, Ravensburg, o. J.
Stöckle, Frieder: Das Nachrichtenband (S. 110). Aus: Wie man Berge versetzt. Hrsg.: Hans-Joachim Gelberg. Beltz Verlag, Weinheim und Basel 1981.
Struck, Gabriele: Ein Besuch im Museum (S. 98). Aus: Die Sammlung Bergengruen. Museumsführer für Kinder. Nicolai Verlag, Berlin 2001.
Swift, Jonathan: Gulliver in Liliput (S. 142). Aus: Gullivers wundersame Reise auf die Insel Liliput. Nacherzählt von Dimiter Inkiow, Middelhauve Verlags GmbH, Köln und Zürich o.J.
Tellegen, Toon: Brief an die Sonne (S. 180): Aus: Briefe vom Eichhorn an die Ameise. (Übersetzung: Mirjam Pressler). Carl Hanser Verlag, München und Wien 2001.

Ullmann, Günter: Im Krankenbett (S. 69). Aus: Überall und neben dir. Hrsg.: Hans-Joachim Gelberg. Beltz Verlag, Weinheim und Basel 1989.
Vahle, Fredrik: Einmal sprang ein Frosch ins Wasser (S. 128). Aus: Der Himmel fiel aus allen Wolken. Beltz und Gelberg, Weinheim und Basel 1995.
Volksgut: Alte Kinderreime und Spiele (S. 99). Aus: Allerleirauh. Hrsg.: Hans Marcus Enzensberger. Suhrkamp Verlag, Frankfurt am Main 1974. – Der Regentropfen (S. 125). Aus: Gertraud Heise (Hg.), Reise in die schwarze Haut. Jugenddienst Verlag, Wuppertal 1986. – Ein europäisches Klatschspiel (S. 151). Aus: Kolibri. Ein Liederbuch für die Grundschule. Schroedel Schulbuch Verlag GmbH, Hannover 1995. – Rätsel (S. 122). Aus: Wortspielwitz und Rätselspaß. Hrsg.: Herbert Lehmann, Arena Verlag GmbH, Würzburg 1995. – Rund um die Sonne (S. 134). Aus: In heller Freude. Lob und Mythos der Sonne. Hrsg.: Lutz Röhrich. Verlag Herder, Freiburg im Breisgau 1992.
Wendt, Irmela: Die Ameise (S. 118). Aus: Wie man Berge versetzt. Hrsg.: Hans-Joachim Gelberg. Beltz Verlag, Weinheim und Basel 1981.
Wölfel, Ursula: Fliegender Stern am schwarzen Wasser (gekürzt) (S. 16). Aus: Fliegender Stern. Omnibus Taschenbuch Verlag, München 2001.
Wolf, Klaus-Peter: Katzensprung (S. 62). Aus: Leselöwen Computergeschichten. Loewe Verlag GmbH, Bindlach 1997.
o.V.: Hochwasser (gekürzter Zeitungsartikel) (S. 127). Aus: Die Flut. Die Hochwasserkatastrophe im August 2002. Eine Dokumentation. Chemnitzer Verlag, 2002.

Abbildungs- und Fotonachweis

S. 8: Keith Haring, Growing. © The Estate of Keith Haring, New York. **S. 19:** Foto afrikanischer Junge. © Ullstein Bild, Berlin. **S. 20:** Cover: Ursula Wölfel, Fliegender Stern am schwarzen Wasser. Omnibus Taschenbuch Verlag, München 2001. **S. 21:** Cover: Christine Wolfrum, Indianer. Ravensburger Buchverlag Otto Maier GmbH, Ravensburg 1996. **S. 21:** Cover: Die Reise zu den Indianern. Prestel Verlag, München 1999. **S. 22:** Foto: Flugobjekt © Corbis (Bettmann / CORBIS), Düsseldorf. **S. 24:** Originalillustration von Jan Peter Schniebel. „Schraubenschlüssel leihen". Aus: Jan P. Schniebel, 15 Jahre Fuchs-Jux. Comic strips © 1987 by Rowohlt Taschenbuch Verlag GmbH, Reinbek bei Hamburg. **S. 28:** Dürer, Leonardo da Vinci usw. AKG, Berlin. **S. 29:** Montgolfier, Lilienthal, Wright. AKG, Berlin und © Corbis (Bettmann / CORBIS), Düsseldorf. **S. 30:** Originalillustration von Erwin Moser. Aus: Das große Fabulierbuch. Beltz und Gelberg, Weinheim und Basel 1995. **S. 32:** Originalillustration von Arnold Lobel. Aus: Das große Buch von Frosch und Kröte. dtv junior, München 1998. **S. 34:** Cover: Wilfrid Grote, Kleine Sprünge. Buchverlag Otto Maier GmbH, Ravensburg 1999. **S. 34:** Cover: Flugmaschinen. Die Junior-Bibliothek. Gerstenberg, Hildesheim 1992. **S. 36:** Pieter Breughel d. Ä., Schlaraffenland. AKG, Berlin. **S. 42:** Foto: maskierte Kinder, Klett-Archiv, a bis z Publishing / T. Scholze, Stuttgart. **S. 50:** Cover: Janosch erzählt Grimm's Märchen. Beltz Verlag, Weinheim und Basel 1991. **S. 54:** Originalillustration von Erich Rauschenbach. Aus: Lieschen 4. Meine allergeheimsten Geheimnisse. Goldmann Verlag, München 1990. **S. 58/59:** Fotos: Fernsehstudio © Barbara Kappesser, Mainz. **S. 64:** Cover: Christine Nöstlinger, Der TV-Karl. Beltz Verlag, Weinheim und Basel 1998. **S. 66:** August Macke. Farbige Formen. Foto: WLMKuK-ARTOTHEK, Westfälisches Landesmuseum Münster. **S. 74:** Fotos: Spielende Kinder / Kind im Rollstuhl © Joker, David Ausserhofer, Bonn. © Corbis, Michael Pole, Düsseldorf. **S. 78:** Cover: Keith Haring, Ich wünschte, ich müsste nicht schlafen! Prestel Verlag, München 1997. – Mario Giordano, Der Mann mit der Zwitschermaschine. Augenreise mit Paul Klee. Aufbau-Verlag, Berlin 2001. **S. 80:** Jean Tinguely. Meta Harmonie II. Öffentliche Kunstsammlung Basel, Martin Bühler. Copyright VG Bild-Kunst 2003. **S. 82:** Originalillustration von Dieter Brembs. Aus: Alles ist möglich. Beltz Verlag, Weinheim und Basel 1981. **S. 84:** Originalillustration von Erich Rauschenbach. Aus: Lieschen. Goldmann Verlag, München 1985. **S. 90:** Gutenberg, Picture-Alliance GmbH. **S. 90:** Galilei, AKG, Berlin, Erich Lessing. **S. 90:** Edison. © Corbis, Bettmann / CORBIS. **S. 90:** Benz. AKG; Berlin. **S. 92:** Cover: Knister, Die Sockensuchmaschine. Arena Verlag GmbH, Würzburg 1999. **S. 92:** Foto: Roboter, Klett-Archiv, a bis z Publishing / T. Scholze, Stuttgart. **S. 93:** Cover: Bedeutende Erfindungen. Bertelsmann Lexikon Verlag GmbH, Gütersloh 1995. **S. 93:** Cover: Wie die Bilder laufen lernten. Meyers Lexikonverlag, Mannheim 1995. **S. 94:** Anker, Dorfschule. AKG, Berlin. **S. 96:** Fleißkärtchen, Copyright Bergisches Museum für Bergbau, Handwerk und Gewerbe. **S. 96:** Schreibutensilien, Schultasche, Kleid usw. © Klett-Archiv, Foto Geuther, Stuttgart. **S. 96:** Schiefertafel: Copyright by MH Foto-Design, Bremen. **S. 98/99:** Paul Klee, Ein Kinderspiel. Aus der Sammlung Berggruen (Berlin) © Bildarchiv Preuß. Kulturbesitz. **S. 100:** Fotos. Barbara Kappesser, Mainz. **S. 106:** Cover: Peter Härtling, Oma. Beltz Verlag, Weinheim und Basel 1991. **S. 106:** Cover: Achim Bröger, Oma und Ich. Arena Verlag GmbH, Würzburg 1997. **S. 107:** Cover: Philippe Fix, Kaum hundert Jahre ist es her. Otto Maier Verlag, Ravensburg 1987. **S. 108:** Foto: Menschenturm © Mauritius. **S. 109:** Foto: spielende Kinder © Barbara Kappesser, Mainz. **S. 120:** Cover: Marjaleena Lembcke, Schon vergessen. Verlag Nagel & Kimche, Zürich 2001. **S. 122/123:** Foto: Regenbogen. © Getty Images, Photo disc/RF, München. **S. 128/129:** Fotos: Frösche. Bildarchiv Okapia, Joachim Moog, Helga Brettschneider, infor_sql, Doris Kurig. **S. 130/131:** Monet, Seerosen AKG, Berlin. **S. 136:** Cover: Christina Björk/Lena Anderson: Linnéa und die schnellste Bohne der Stadt. C. Bertelsmann Verlag GmbH, München 1980. **S. 136:** Foto: Regenbogen im Garten. © Hans-Dieter Bunk, Duisburg. **S. 137:** Cover: Sachbuch Amphibien. Gerstenberg Verlag, Hildesheim. **S. 140:** Porträt Christoph Columbus: © Archivo Iconografico, S.A./CORBIS. **S. 140:** Schiff Santa Maria von C. Columbus. © Corbis, Bettmann. **S. 141:** Kompass, Astrolabium: © AKG, Berlin. **S. 141:** Sextant: © Corbis Digital Stock, RF/CORBIS. **S. 148/149:** Originalillustration von Sempé. Aus: René Goscinny/Sempé, Der kleine Nick und die Ferien. Copyright 1976, 2003 Diogenes Verlag AG Zürich. **S. 152:** Cover: René Goscinny/Sempé, Der kleine Nick und die Ferien. Diogenes Verlag AG, Zürich 2003. **S. 153:** Cover: Christoph Columbus. Entdecker der Neuen Welt. Gerstenberg Veralg, Hildesheim. **S. 154:** Foto: Wasser, Blätter, Sand © Corbis, Charles Mauzy, Düsseldorf. **S. 155:** einzelne Fotos: Wasser, Blätter, Sand © Corbis, Charles Mauzy, Düsseldorf. **S. 162/163:** Originalillustration von Paul Maar. Aus: Eine Woche voller Samstage. Verlag Friedrich Oetinger, Hamburg. **S. 166:** Cover: Achim Bröger, Spätschichttage sind Spagettitage. Arena Verlag, Würzburg 1985. **S. 167:** Cover: Achim Bröger, Geschichten von Pizza und Oskar. Arena Verlag, Würzburg 1995. **S. 167:** Cover: Paul Maar, Eine Woche voller Samstage. – Am Samstag kam das Sams zurück. Oetinger Verlag, Hamburg 1973/ 1980./ Hörkassette: Das Sams. Das Hörspiel zum Kinofilm. © Deutsche Grammophon. **S. 168/169:** Foto: Indian Summer © Mauritius. **S. 174:** Foto: Schneekristalle. © Mauritius. **S. 192:** Foto: musizierende Kinder. © Mauritius. **S. 192:** Foto: Schattenspiel. © Klett-Archiv, a bis z Publishing / T. Scholze, Stuttgart. **S. 192:** Foto: Pantomime. © Klett-Archiv, a bis z Publishing / T. Scholze, Stuttgart. **S. 192:** Foto Hirtenspiel © Corbis, Lynn Goldsmith, Düsseldorf.
S. 9, 20, 35, 52, 64, 78, 91, 121, 152, 175, 192: Kinderarbeiten

KUNTERBUNT
Lesebuch 3

Herausgegeben von Horst Bartnitzky und Hans-Dieter Bunk

Erarbeitet von Horst Bartnitzky, Andrea Böhm, Hans-Dieter Bunk,
Christine Decker-Voigt, Kathrin Haug, Barbara Kappesser

Illustrationen von R. Abe, Axel Fahl, Anja Rieger, Dorothea Tust

Erstausgabe 1991,
erarbeitet von Horst Bartnitzky, Hans-Dieter Bunk,
Ingrid Nicklaus, Mechtild Peisker, Ulrike Strunk

Zum Unterrichtswerk KUNTERBUNT
für das 3. Schuljahr gehören:

Lesebuch 3	270121
Sprachbuch 3	270041
Arbeitsheft zum Sprachbuch 3	270051
Sachbuch 3	270223
Arbeitsheft zum Sachbuch 3	270224

1. Auflage A 1 5 4 3 2 1 | 08 07 06 05 2004

Alle Drucke dieser Auflage können im Unterricht nebeneinander benutzt werden, sie sind untereinander unverändert.
Die letzte Zahl bezeichnet das Jahr dieses Druckes.

Redaktion: Gabriela Holzmann
Herstellung: Annett Foede
Umschlag: Ulf Jenninger unter Verwendung
einer Illustrationen von Dorothea Tust
Repro: Meyle + Müller GmbH + Co., Pforzheim
Druck: Aprinta, Wemding
ISBN 3-12-270121-9

9 783122 701215